图解

羽毛球

入门

黄萍婷　戴　劲　编著
苏东浩　叶奥婷　技术演示

 化学工业出版社

·北京·

图书在版编目（CIP）数据

图解羽毛球入门 / 黄萍婷，戴劲编著. —北京：化学
工业出版社，2017.8
ISBN 978-7-122-30006-5

Ⅰ.①图… Ⅱ.①黄… ②戴… Ⅲ.①羽毛球运动-运动技术-
图解 Ⅳ.①G847.19-64

中国版本图书馆CIP数据核字（2017）第145289号

责任编辑：史 懿 杨松淼　　　　　　装帧设计：刘丽华
责任校对：杜杏然

出版发行：化学工业出版社（北京市东城区青年湖南街13号　邮政编码100011）
印　　装：北京瑞禾彩色印刷有限公司
880mm×1230mm　1/32　印张4　字数153千字　2022年3月北京第1版第1次印刷

购书咨询：010-64518888　售后服务：010-64518899
网　　址：http://www.cip.com.cn
凡购买本书，如有缺损质量问题，本社销售中心负责调换。

定　　价：58.00元　　　　　　　　　　　　版权所有　违者必究

前言

PREFACE

　　作为一项有着优秀传统的体育项目，羽毛球在21世纪受到了越来越多人的关注与喜爱。它不需要复杂的装备，不需要特殊的体格，只要你热爱运动，热爱生活，就可以拉上亲朋好友、挥起球拍在运动场上一试身手。参加羽毛球运动需要不停地进行脚步移动、跳跃、转体、挥拍，合理地运用各种击球技术将球在场上往返对击，从而增强上肢、下肢和腰部肌肉的力量，加快锻炼者全身的血液循环，增强心血管系统和呼吸系统的功能。

　　本书通过大量图片示范，在详细介绍各项技术动作要领的同时，还介绍了部分常见错误动作，并给出了合理的练习方法，特别适合羽毛球初学者阅读，以使其规范击球动作，快速提高羽毛球水平。

　　本书的撰写和出版离不开各界人士的大力支持与帮助，特别感谢北京体育大学竞技体育学院苏东浩、叶奥婷为本书提供技术演示。感谢原国家队运动员，现清华大学体育部姜来老师对本书的支持帮助。感谢北京化工大学学生新闻中心主任李冠宁为本书的撰写提出宝贵意见。

　　由于时间仓促，加之笔者水平有限，书中难免出现一些纰漏，希望广大羽毛球爱好者为本书提出宝贵的意见及建议，以便我们不断进步与提高。

黄萍婷　戴　劲

Badminton

目录 CONTENTS

第一章　羽毛球运动简介

第二章　羽毛球运动的学习准备

场区与击球

运动器材

第三章　羽毛球基本技术

第四章　羽毛球单打技术

单打发球、接发球技术

前场技术

中场技术

后场技术

第五章　羽毛球双打技术

双打发球、接发球技术

双打击球技术

第六章　羽毛球运动常识

营养膳食与恢复

羽毛球运动损伤的防范

羽毛球运动礼仪知识
羽毛球器材、服装的挑选

附录

第一章

羽毛球
运动简介

一、羽毛球运动的起源 ◀◀◀◀

相传14～15世纪，日本出现了用樱桃核插上羽毛制成的球，并用木制球板击球的游戏。这种游戏一度传到欧洲和亚洲的一些国家，但后来由于球的飞行速度太快，球的羽毛容易损坏，并且造价比较高，所以这项运动就逐渐消失了。

现代羽毛球运动一般被认为起源于英国。1873年，英国格拉斯哥郡的伯明顿镇有一位名叫鲍弗特的公爵，一天在他的庄园里游园会，不巧天公不作美下起了雨，于是他把游园会改在室内玩羽毛球游戏。客人们对这种游戏十分欣赏，玩得相当开心。很快这种游戏便开始风靡英伦。那时用的球已改为羽毛球，球拍为穿弦的拍子，场地为中间有网隔着的葫芦形场地。这种游戏逐步发展成为今天的羽毛球运动。为了纪念羽毛球的诞生地，"伯明顿"（badminton）便成了羽毛球的英文名称。

现在规则规定球拍重95～120克，拍框长25～28厘米、宽20～22厘米，拍柄长39.5～40厘米，其制作材料也发展成木框、钢管、铝合金或碳素纤维。

二、世界羽毛球运动的发展 ◀◀◀◀

1893年，英国14个羽毛球俱乐部发起并成立了英国羽毛球协会，这是世界上最早成立的羽毛球协会。该协会成立后，大力开展羽毛球运动，使英国羽毛球运动水平有了较大的发展和提高，并在1899年举办了首届全英羽毛球锦标赛。在1899～1934年间的31届全英羽毛球锦标赛中，英国羽坛人才辈出，技术水平一直处于领先地位，没有一个国家的选手能与英国选手抗衡，更没有可能夺取男女单打、双打和混合双打全部5个单项的桂冠。与此同时，欧洲、美洲和亚洲国家也开始逐步开展羽毛球运动，技术水平有了较大程度的提高。19世纪末，美国成立了羽毛球俱乐部。

　　1934年后，丹麦异军突起，开始向一直称霸的英国发起挑战。在1939 年第36届全英羽毛球锦标赛上，丹麦和加拿大打破了英国的垄断局面，夺得了男、女单打和女子双打3项冠军，爱尔兰获男子双打冠军，而英格兰仅获一项不大引人注目的混合双打冠军。并且，随着第二次世界大战的爆发，英国羽毛球运动处于停顿状态，技术水平也有所下降。从1947年恢复全英羽毛球锦标赛至今，英国选手再也没有夺得过这一锦标赛的男子单打和男子双打冠军。

　　进入20世纪40年代后，国际羽坛呈现丹麦、美国、英国、加拿大和马来西亚诸强称雄的局面。尤其是丹麦选手，水平提高得很快，在1947年的第37届全英羽毛球锦标赛（之前因第二次世界大战暂停比赛）5个单项比赛中赢得了4项冠军。马来西亚选手也初露锋芒，震动了国际羽坛。接着，在1948～1949年的首届汤姆斯杯赛世界男子羽毛球团体锦标赛中，马来西亚队击败英格兰、丹麦和美国等强队，荣获冠军。1949年马来西亚选手黄德福和张成显在全英羽毛球锦标赛上为亚洲赢得了第一枚金牌——男双冠军。从此，国际羽坛进入了亚洲人称雄的时代。

　　从20世纪90年代世界羽坛的发展趋势来看，实力优势在亚洲，男子以印度尼西亚、马来西亚、韩国、中国四驾马车为主，印度尼西亚继续保持强劲势头。除此之外，欧洲的丹麦、瑞典也在奋起直追，有望再展雄风。女子以中国、印度尼西亚、韩国三国鼎立于世界女子羽坛，继续保持绝对优势，但欧洲的瑞典、丹麦、英格兰选手也正在悄悄崛起。

　　目前，世界羽毛球运动技战术发展总趋势正在向"快速、全面、进攻和多拍"方向发展。快速是指出手动作、步法移动和判断反应以及战术变化等方面的速度加快；全面是指技术全面，攻守兼备，控球能力强，具有良好的身体素质和心理素质；进攻是凭技术特长采用先发制人，积极主动，以抢攻为主；多拍是在战术变化中，从若干次攻守回合中，提高控球能力，减少失误，力争主动，控制比赛局面。

三、世界羽毛球组织 ◀◀◀◀

1934年，由加拿大、丹麦、英国、法国、爱尔兰、荷兰、新西兰、苏格兰和威尔士9个羽毛球协会发起并成立了国际羽毛球联合会。国际羽毛球联合会的成立，进一步推动了世界羽毛球运动的发展，对羽毛球技战术的发展也起了促进作用。

1978年，我国香港成立了世界羽毛球联合会（简称世界羽联），此时我国羽毛球运动已达到世界水平，在先后两届世界羽毛球锦标赛上取得了8项冠军。1981年，为了推动世界羽毛球运动的进一步发展，在许多国家羽毛球界的共同努力下，国际羽毛球联合会和世界羽联正式合并，组成了新的国际羽毛球联合会（简称国际羽联），使世界羽毛球运动出现一片欣欣向荣的景象。在1988年汉城奥运会上，羽毛球被列为表演项目，并自1992年巴塞罗那奥运会开始被列为奥运会正式比赛项目，从此羽毛球运动进入新的发展时期。2006年，国际羽毛球联合会正式更名为羽毛球世界联合会。

四、世界重大羽毛球赛事 ◀◀◀◀

目前，由国际羽联主办的世界重大羽毛球赛如下。

1. 汤姆斯杯赛

汤姆斯杯赛（Thomas Cup）即世界男子团体羽毛球锦标赛，1948年举行第一届比赛，两年一届，在偶数年举行。比赛由三场单打、两场双打组成。

2. 尤伯杯赛

尤伯杯赛（Uber Cup）即世界女子团体羽毛球锦标赛，1956年举行第一届比赛，两年一届，在偶数年举行。比赛由三场单打、两场双打组成。

3. 世界羽毛球锦标赛

世界羽毛球锦标赛（Individual World Championships）即世界羽毛球单项锦标赛。设有男子单打、男子双打、女子单打、女子双打和混合双打5个比赛项目。1977年起开始为三年一届，1983年改为两年一届，在奇数年举行。

4. 苏迪曼杯赛

苏迪曼杯赛（Sudirman Cup）又称世界羽毛球混合团体锦标赛，采用五场三胜制，由男子单打、女子单打、男子双打、女子双打和混合双打5个项目组成，是代表羽毛球整体水平的最重要的世界大赛，与汤姆斯杯赛和尤伯杯赛齐名。1989年举行第一届比赛，两年一届，在奇数年举行。

5. 世界杯羽毛球赛

世界杯羽毛球赛（World Cup）属于邀请性比赛，由国际羽联邀请当年成绩优异的选手参加。创办于1981年，1997年国际羽联决定从1998年起改为由世界顶尖选手参加的明星赛，并准备尝试组织奖金丰厚的羽毛球大满贯赛事。

6. 全英羽毛球锦标赛

全英羽毛球锦标赛（All England Badminton Championships）由英格兰羽毛球协会于1899年创办，它是世界历史上最悠久的羽毛球赛事。最初由英国和英联邦的国家选手参加，现在已成为全球性的羽坛大会战。

7. 国际系列大奖赛

国际系列大奖赛（the World Grand Prix Series）是国际羽联参照世界网球大奖赛办法组织的，始于1983年。比赛分成若干区，由许多比赛组织成系列。根据运动员在各次比赛中的成绩积分，进行排名，前16名进行总决赛。

8. 世界青少年羽毛球锦标赛

世界青少年羽毛球锦标赛（World Junior Championships），1992年由

国际羽联开始举办，比赛设5个单项，规定参赛者的年龄为19岁以下。从1998年增设世界青少年团体羽毛球锦标赛，比赛规程与苏迪曼杯赛相同。

五、羽毛球运动的特征 ◄◄ ◄

1. 便捷性

羽毛球运动与其他运动相比，设备的基本要求比较简单，只需两个球拍、一个球和一条绳索即可。正规比赛场地面积仅69.41平方米（双打为81.74平方米），长13.40米，宽6.10米（双打）或5.18米（单打），平时进行羽毛球活动只要有平整的空地就可以了。脑力工作者和职业劳动者利用工间操、下班后的时间在空地上进行羽毛球活动，能够减缓疲劳，提高工作效率。羽毛球运动是基层开展的体育运动中最常见的体育活动之一。

2. 娱乐性

羽毛球运动练习者可以随心所欲地打出想要的弧线、远度、速度、落点。双打练习还可以使练习者养成协调配合的习惯，培养集体主义精神。练习者可以在球的对击过程中，体会到击出好球和赢球的喜悦，放松紧张的精神，因此羽毛球已成为现代人社交活动中一项常见娱乐活动。同时由于羽毛球技术的千变万化，使羽毛球运动有很高的观赏性。羽毛球运动展示着人体的力与美，观看羽毛球比赛就是一种享受，充满了乐趣。

3. 健身性

羽毛球是一个全身性的运动项目，无论是进行羽毛球比赛还是作为大众的健身活动，都要在场地上不停地进行脚步移动、转体、挥拍，运用各种击球技术和步法将球在场上往返对击，这就需要上下肢和腰部肌肉都参与运动，从而加快了锻炼者全身的血液循环，增强了心血管系统和呼吸系统的功能。

据统计，大强度羽毛球运动者的心率可达到每分钟160～180次，中强度羽毛球运动者的心率可达到每分钟140～150次，低强度羽毛球运动者的心率也可达到每分钟100～130次。长期进行羽毛球锻炼，可使心脏收缩有力，提高肺活量。此外，羽毛球运动要求练习者在短时间内对瞬息万变的球路做出判断，果断处理来球，因此，它能提高人体神经系统的灵敏性和协调性。

4. 不受年龄与性别的限制

羽毛球运动身体对抗性较小，与篮球、足球等容易受伤的运动相比，无疑是一种比较"安全"的运动。不同年龄、不同性别以及不同体质的人都能在羽毛球运动中找到乐趣。对于青少年来说，适量的羽毛球运动能促进身高增长，培养青少年自信、勇敢、果断等优良的心理素质，运动强度宜为中强度，活动时间以40～50分钟为宜。

5. 利于青少年成长

羽毛球运动是一项深受人们喜爱的体育运动，它是青少年全面锻炼身体、增强身体机能的良好手段，也是培养良好道德风尚、陶冶情操的有效方法，通过锻炼和比赛，还能培养顽强的拼搏精神和优良的意志品质，从而提高身体素质和心理素质。

羽毛球练习可以促进青少年骨骼的发育。从小接受羽毛球正规训练的人，平均身高比同龄人高，并且能预防颈椎病。因为随着电脑、智能手机的普及和课业的加重，颈椎病有低龄化倾向。羽毛球练习可以使颈椎与脊椎处于放松状态，因此能起到很好的预防作用。

经常参加羽毛球运动能提高头脑反应速度，促进眼部健康。有关专家研究还发现，在打球过程中眼睛须快速追随羽毛球的飞行轨迹，这对5～9岁孩子的眼球功能完善大有益处，这一年龄段是孩子眼球发育最关键的时期。

经常参加羽毛球运动还可以培养青少年良好的心理素质。由于比赛紧张、竞争激烈，经过训练和比赛的磨炼，能在羽毛球活动中应付自如，能够做到临危不乱、泰然处之，能够树立正确的世界观、人生观和价值观。

第二章

羽毛球
运动的学习准备

场区与击球

一、击球区域的划分 ◀◀

1. 羽毛球场地

羽毛球场地是一块长为13.40米，单打宽5.18米，双打宽6.10米的长方形场地。场地中间张挂球网，球场最外边两条边线为双打场地边线，里面的两条边线是单打场地边线。靠近球网与网平行的两条线为前发球线。球场两侧最底端的那条线称为端线，距端线0.76米，与两条端线相平行的两条线称为双打后发球线。前发球线中点与端线中点连起来的一条线称为中线。

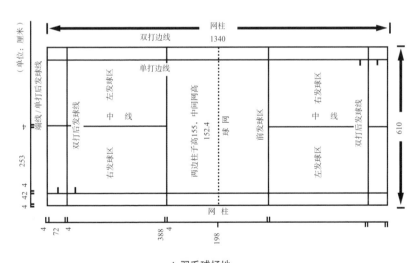

▲ 羽毛球场地

2. 击球区域

将羽毛球场地分为前场、中场、后场，在此范围内击球。

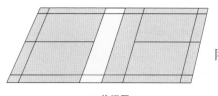

前场区：前发球线附近至球网的区域。

▲ 前场区

中场区：从前发球线往后至双打后发球线以前的区域。

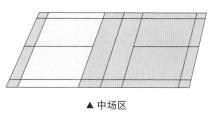

▲ 中场区

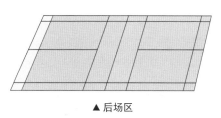

后场区：从双打后发球线附近至场地端线的区域。

▲ 后场区

二、击球动作 ◀◀

1. 准备姿势

指击球前的预备姿势，为下一步引拍做好充分准备。击球的基本准备姿势是肘关节弯曲，持拍于胸前，拍头朝上。双打时，站位靠近球网的球员，应把拍举得更高些，以便快速封网拦截。

2. 引拍

击球前，向后引拍，为发力和变化拍面角度留足够的空间，使击球获得更大的爆发力。羽毛球运动中，前场、后场、中场击球动作方法不同，引拍动作的要求也不同。引拍动作是运动员在移动过程中完成的，如运动员从中心位置到后场击高远球，在往后退第一步时，就要把拍举起，做好引拍动作。

3. 击球

从结束引拍动作开始，向来球方向挥拍击球。效果较好的击球动作需要做到：及时挥拍，争取最佳击球点；根据不同击球技术的要求，调整好挥拍的速度和力量；击球瞬间，协调上下肢、躯干，控制球拍完成击球动作。

4. 回收动作

击球后，随挥拍惯性，球拍有一定的伴随动作。应迅速使持拍手回复到击球前的准备姿势迎接下一个来球。

5. 正反手击球

（1）正手击球

采用持拍手掌心朝前的方式正拍面击球。

（2）反手击球

采用持拍手手背朝前的方式反拍面击球。

6. 击球范围

（1）头顶

高于头顶的击球。

（2）左侧击球

在身体左后侧位置的击球。

（3）过手

在低于头顶高于肩部的击球。

（4）侧手

低于肩，高于髋关节的身体左右两侧的击球。

（5）低手

髋关节以下靠近地面的击球。

7. 拍面的使用

（1）斜拍面击球

击球时，拍面与网成一定角度的击球。

（2）正拍面击球

击球时，拍面朝前，与网平行的击球。

8. 击球效果不好的击球点

（1）击球点太靠前

击球点靠近身体前面，是一种处于主动状态的击球方式，击球角度较灵活、范围大，能打出多种变化的球。但是，如果击球点太靠前，容易击球下网或形成"够着球打"，击球效果也不好。

（2）击球点靠后

击球点在身体后面，是一种处于较被动状态的击球方式，击球节奏放慢，影响击球质量。

（3）击球点偏低

击球点低，距离身体太近或距离地面太近，出球的角度受限制，是一种被动的击球方式。

三、球的飞行 ◀◀

1. 球的飞行线路

（1）直线球

沿与场地边线平行的直线路线向前飞行的球。

（2）斜线球

与所在场地位置成对角路线向前飞行的球。

（3）中线球

落点在中线附近的球。

2. 球的运行轨迹

（1）高弧度飞行

出球轨迹向球场上方高弧度飞行，如高远球。

（2）低弧度飞行

弧度略低，向上空沿平高弧线飞行，如平高球。

（3）直线飞行

出球轨迹沿与边线平行的直线路线向前飞行。

（4）斜向下飞行

出球轨迹由球场上空向斜下飞行，如杀对角、吊对角。

（5）旋转飞行

击球后，球在空中以旋转、翻滚的轨迹飞行，如网前搓球。

四、最佳击球点及其影响因素 ◀◀

击球点与身体位置保持合适的距离，有利于技术动作的完成。影响因素如下。

1. 对方来球质量

当对方来球质量高时，应尽量争取最佳击球点。

2. 判断与起动

准确的判断与快速的起动是获得最佳击球的前提。

3. 出手快慢

到达击球位置后，应掌握适当的引拍击球时机。如果出手快，击球点就高，击球处于主动状态，效果好；出手慢，击球点低，处于被动状态，就会影响击球质量。但若出手太早，可能会击不到球。

4. 挥拍速度

若挥拍迅速，往往可以获得较好的击球时机；若挥拍速度慢，没有爆发力，往往会错过最佳击球点，影响击球质量。

运动器材

一、球拍的规格 ◀◀

　　羽毛球规则规定球拍总长不超过680毫米，宽不超过230毫米。拍柄是击球者握住球拍的部分；球弦面是击球者用于击球的部分，拍弦面应是平的，拍弦面长不超过280毫米，宽不超过 220毫米；连接喉（如果是这样的结构）连接拍杆与拍头。球拍不允许有附加物和突出部，除非是为了防止磨损、断裂、振动或调整重心的附加物，或预防球拍脱手而将球拍柄系在手上的绳索。

　　在挑选球拍时，可以根据个人经济情况和喜好选购球拍，不用一味追求世界名牌产品。目前国内市场上出售的球拍有以下4种：第一种由全碳素外加纳米、钛成分，一体成型的球拍；第二种是中档的碳素杆，拍框为铝合金；第三种是中低档的钢杆铝合金拍；最后一种是钢杆木球拍。有一定技术水平的选手或是爱好者，可以选择略重的球拍，如进攻性选手；较轻的球拍适合防守型或守中有攻的选手。

　　在选拍时尽量选择弹性好的球拍。验证球拍弹性好与差的方式，可以握住拍头和拍柄掰动拍杆，看看是否有一定程度的弯曲，如果球拍的弹性差，掰动球拍时，拍杆就没有弯度。

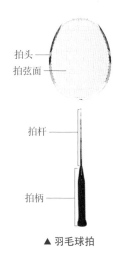

拍头
拍弦面

拍杆

拍柄

▲ 羽毛球拍

二、羽毛球的规格 ◀◀

　　羽毛球可以用天然材料、人造材料或用它们混合制成。只要球的飞行性能和天然羽毛与包裹薄皮革的软木球托制成的球的性能相似即可。

1. 天然材料制作的球

羽毛球重4.74～5.50克，用16根羽毛固定在半球形的软木球托上。羽毛球上的羽毛从球托平面到羽毛尖的长度为62～70毫米，羽毛顶端围成圆形；羽毛应用线或其他适宜材料扎牢，尾端直径为58～68毫米；托面直径为25～28毫米。

2. 非羽毛材料制作的球

球裙由合成仿真羽毛材料代替天然羽毛制成。球的尺寸和重量应与天然材料制作的球相同；但由于合成材料与天然羽毛在比重、性能上的差异，可允许有不超过10%的误差。

比赛用球，一般用鹅毛制成；还有一种中、低级羽毛球，一般用鸭毛制成。这两种球都是室内用球。一般业余训练中，当球过轻、过慢时，可以将羽毛向内折，减小羽毛的口径，从而提高球速；当球过重、过快时，可以将羽毛外翻，扩大羽毛的口径，从而达到减慢球速的效果。

羽毛 ——

球托 ——

▲ 羽毛球

三、网柱、球网的规格 ◀◀

从球场地面起，网柱高1.55米，网柱应与地面保持垂直。网柱及其支撑物不得伸入场地内，并且不论是单打还是双打比赛，网柱都应放置在双打边线上。球网应由深色、优质的细绳编成，球网全长至少610厘米，上下宽76厘米。从球场地面起，球网中央顶部应高1.524米，双打边线处网高1.55米。

第三章

羽毛球
基本技术

一、步法 ◀◀

步法即羽毛球运动中，运动员在场上为了跑到适当的位置击球，而采取的快速、合理、准确的移动方法。

对于羽毛球技术来说，步法和手法（即各种击球法）是相辅相成、不可分割的。许多击球技术都是靠熟练、快速、准确的步法移动来完成的。不掌握正确的步法，就会影响各种击球手法的学习和提高，而在比赛中如果没有到位的步法，就会使手法失去应有的积极作用。

1. 准备姿势

单打接发球准备姿势（以右手持拍为例，下同）：左脚在前，右脚在后，稍侧身对网，重心在前脚，后脚脚跟稍抬起，双膝微屈，收腹含胸，持拍于身前，双眼注视前方。

▲ 单打接发球准备姿势　　▲ 双打接发球准备姿势　　▲ 对抗过程中的准备姿势

双打接发球准备姿势：与单打基本相同，但膝关节弯曲度较大，球拍举至头顶前上方，非持拍手前伸至与肩平，自然屈肘，注意力高度集中等待来球。

　　对抗过程中的准备姿势：两脚开立，略比肩宽，右脚在前，左脚在后，屈膝含胸，重心在前脚掌上，自然持拍于胸前。

▲ 腿站得过直　　　　　　　▲ 蹲得过低

2. 判断起动

　　从接球前的准备动作开始，在对方出手击球时，判断来球方向，同时双脚迅速蹬地向来球方向起动。

　　快速判断、起动是迅速移动到位、争取有力击球位置的前提和保证。

3. 场上移动步法

（1）垫步

　　垫步是在移动到最后一步，与击球点尚有较短的一段距离时，用另一脚再加一小步的移动方法。这种步法比较轻捷、灵巧，不但能使移动的步数比较经济，而且还能保持移动中身体重心的稳定，有利于协助击球动作的完成。

（2）交叉步

交叉步是侧对击球点方向，两脚采用前后交叉的移动方法。这种步法的步幅较大，移动中身体重心比较稳定。

（3）并步

并步是离击球点方向远侧的一只脚，向前一只脚垫一小步，同时前脚在其尚未落地时，又马上向前跨出的一种移动方法。这种步法较多地运用在接杀球和正手后退突击扣杀时。

（4）小碎步

以小的交叉步移动称为小碎步，步幅小而快。

（5）蹬跨步

蹬跨步是向击球点迈出较大步幅的移动方法，通常在上网步法的最后一步时使用。

（6）蹬转步

蹬转步是向击球点方向蹬转迈出较大步幅的移动方法，通常在中场接杀球和后场时使用。

（7）腾跳步

腾跳步是在移动到最后一步时，采用单脚或双脚起跳击球的一种移动方法。如网前扑球时，为加快速度抢点击球，后脚用力蹬伸，前脚呈弓步前跃。使用这种步法，要求协调性好，弹跳力强，在击球后还能控制自己的身体重心，以便连贯好下一拍。

4. 回位（即回到中心位置）

每次击球后，快速回到中场位置准备接下一个来球，称为回位。

5. 步法分类

（1）前场移动步法

从中场起动向前移动击球的步法称为前场移动步法。前场移动步法可以采用交叉步、并步、垫步以及蹬跨步。

（2）两侧移动步法

从中场起动向两侧移动的步法称为两侧移动步法。两侧移动步法可以采用垫步、蹬跨步、并步和交叉步。

（3）后退移动步法

从中场起动向后场移动的步法称为后退移动步法。后退移动步法可以采用交叉步、并步、跳步和蹬跨步。

二、手法 ◀◀

手法是手腕击球的动作方法。

1. 手腕内旋

握拍手向身体内侧方向转动。

2. 手臂外旋

握拍手向身体外侧方向转动。

3. 手腕内收

小指向尺骨侧方向靠拢。

4. 手腕外展

小指向桡骨侧方向靠拢。

5. 手腕后伸

手腕由前方矢状面位置❶开始向后移动。

---

❶ 矢状面：垂直于地面，将人体左右两侧完全对称分割的假想面。

6. 手腕前屈

手腕由矢状面位置开始向前移动。

三、握拍 ◀◀

握拍是学习羽毛球最基本的技术。初学羽毛球，首先要学会怎样握拍。正确的握拍方法会使你感到球拍是你手臂的延伸，从而自如地控制击球效果和质量。

握拍的方法有两种，即正手握拍和反手握拍，但握拍不是一成不变的，在实战中，可视具体情况因时、因地地调整握拍方法。

1. 正手握拍法

正手握拍法指在身体右侧，用正拍面击球以及头顶中、后场击球都是采用正手握拍技术。采用正手握拍法击球时，握拍手手掌和击球的拍面朝向相同。

2. 反手握拍法

反手握拍法指在身体左侧用反拍面击球时采用的握拍方法。反手握拍击球时拍面与正手握拍击球拍面相反。

常见 错 误 动 作 ●···

Error action

① 拳式握拍。五指相互紧靠，掌心没有留出空间，影响手指和手腕的灵活性。

② "苍蝇拍"式握拍。虎口对着拍柄的上侧窄面而不是对着拍柄内侧的斜棱上。这种握拍使屈腕发生困难，妨碍对拍面角度的自由控制和大力击球。

③ 食指伸直按在拍柄上。食指扣在拍柄上才能将力量使用出来。

④ 用同一种握拍法处理各种球，影响击球的灵活性和威胁性。

每种握拍都有不同的特点和功效。不转换握拍也能击球，但不能将技术充分地发挥出来。

练习方法 *Training Methods*

① 按照握拍要领，先练习正手握拍，如有错误，要及时改正。然后改为反手握拍，这样交替进行。

② 握拍练习要以正手握拍法为主，然后，转为反手握拍法，再转为正手握拍法，以及由正手握拍法转为特殊握拍法。如此反复进行，不断巩固，最终形成灵活的握拍法。

第四章

羽毛球
单打技术

单打发球、接发球技术

一、单打发球技术 ◀◀◀

发球是比赛的开始，其质量的好坏直接影响比赛的主动或被动，以至赢球得分或丧失发球权，因此发球是羽毛球运动的一项基本技术。发球技术按发球姿势可分为正手发球技术和反手发球技术。根据球飞行的角度和距离我们可以将发球分为以下4种（如下图）。

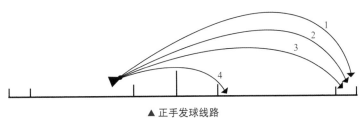

▲ 正手发球线路

1—高远球；2—平高球；3—平射球；4—网前球

但是不管采取何种发球方式，为达到战术目的，一定要注意发球动作的一致性、变化性，尽可能做到落点和弧度的准确、多变。

正手发球技术如下。

（一）发球基本站位

发球站在场地中线附近，距离前发球线约1米，距中线20～30厘米的位置。发球的站位也可以根据个人情况进行适当的调整。

（二）发球准备姿势

两脚自然分开，左脚在前，脚尖对网；右脚在后，脚尖朝向右斜前方，重心放在右脚上；用左手拇指、食指和中指轻轻夹持羽毛球中部，自然持球于身体前方；右手正手握拍自然屈肘举至身体的右侧，呈发球前的准备姿势。

▲ 单打发球站位（站对角）

（三）技术要领

1. 正手发后场高远球

多用正拍面把球发得又高又远，使球飞行到对方后场上空，当球飞到最高点时突然改变方向往端线附近垂直下落。这种发球技术在单打比赛中经常被采用。

▲ 正手发球准备姿势

挥拍动作：持球手松开，使球自然下落；持拍臂自上而下沿身侧画半弧形做回环引拍动作，同时开始转体。

击球动作：当拍挥至身体右侧前下方击球点，前臂迅速内旋带动手腕闪动展腕发力，用正拍面将球击出，身体重心随转体动作逐渐由右脚前移至左脚。

随挥动作：身体重心完全移至左脚上，持拍手击球动作完成后随挥拍惯性向左上方挥动。在发球的过程中，双脚均不能离开地面或移动。

2. 正手发后场平高球

平高球的飞行弧度比高远球低，以对方跳起无法拦截为宜，球速较高远球快。球的落点根据单打、双打比赛规则的不同要求，单打落在端线、双打落在双打后发球线附近。

挥拍动作： 左手自然抛球，右手由大臂带动小臂，从右后方往左前上方快速挥动。大臂开始挥动的同时，身体重心由右脚移至左脚。

击球动作： 当球落到腰部以下位置时，握紧球拍，前臂快速向前推送的同时手腕由伸到屈伴随快速内旋击球，击球方向主要以向前为主。

随挥动作： 手臂随惯性向左上方挥动。击球后，身体重心也由右脚移至左脚。

3. 正手发后场平射球

平射球是击出的飞行弧线比后场平高球低、速度更快的一种发球。这种球擦网而过，快速直接飞行到对方后场发球线附近，球速快，突击性强，是发球抢攻战术中常用的一种发球。

挥拍动作：站位比平高球略靠后些，左手自然抛球，右手由大臂带动小臂，从右后方往左前上方挥动。大臂开始挥动的时候，身体重心由右脚移至左脚。

击球动作：击球时，拍面仰角较小，前臂内旋带动手腕快速闪动，食指屈指向前发力击球，击球动作小而快。

随挥动作：手臂随惯性向左上方挥动。击球后，身体重心也由右脚移至左脚。

4. 正手发网前球

前场推小球使球擦网而过，落在对方前发球线附近的一种发球。它的飞行弧度低，距离短，能有效地限制对方直接进行强有力的进攻，是一种较常见的发球。

挥拍动作：与正手发后场高远球相似，动作幅度稍微小一点。发网前球时，站位稍前。

击球动作：击球时握拍手保持放松，食指用力，手腕收腕发力，用斜拍面向前推送击球，使球贴网而过，落在对方前发球线附近。前臂挥动的幅度和手腕后伸的程度要比发高远球小。

随挥动作：手臂随惯性向左上方挥动。击球后，身体重心也由右脚移至左脚。

常见 错 误 动 作 ●··

Error action

1. 挥拍动作

挥拍动作采用横扫的方法，没有从体侧做半弧形挥拍发力。致使击球弧线太低，动作不协调，发力不充分，而且这是发球违例动作。

纠正方法：先按正确的挥拍路线做慢动作挥拍练习，然后逐渐过渡到正常速度的挥拍练习，注意拍头向下。

击打固定球练习：做好发球准备姿势，运用发高远球技术挥拍击打固定球进行练习。

2. 击球拍面

击球瞬间，拍面没有正对球头。击球时，出现不同角度的切球动作，影响发高远球的高度和角度。

纠正方法：击球瞬间拍面正对球网做分解练习。通过发多球及挥拍练习提高击球时拍面控制的准确性。

3. 击球时机

击球时机掌握不准确。

纠正方法：做发球挥拍练习，抛出球但不击球，掌握击球时间。

4. 击球手臂

击球动作从引拍到击球过程手伸得过直，缺少"鞭打"状挥拍动作。

纠正方法：动作放松，引拍过程肘部稍微弯曲，击球时前臂内旋。

练习方法 *Training Methods*

1. 分解练习和连贯动作练习相结合

先分解后连贯：在掌握基础挥拍动作后，将动作分解成几个部分进行练习。熟练后将分解的动作连贯起来进行挥拍练习。配合发力进行挥拍练习，最后掌握有球的发球练习。

2. 击打吊线球

把球的高度调整至与膝关节平齐或稍低一些的身体右前方。反复做完整的发球挥拍击球动作练习，体会球与球拍之间的距离感及前臂内旋带动手腕由伸腕到展腕的发力过程。吊线球击出后，快速还原成发球的准备姿势。击打吊线球可以掌握发球的击球时机和击球点。

3. 定点发球练习

在发高远球技术巩固提高阶段，加强落点的控制，要求将球发至对角场区的双打后发球线、底线、边线和中线之间的场区。能将球发入规定场区后，以中线和边线中点将场地分成左右两边，将球发入指定的靠近中线的一边或者靠近边线的一边。

4. 发高远球与发网前球的结合练习

发高远球与发网前球准备姿势相同，引拍部分也相同，因此应使发球动作有一致性。击球瞬间，发高远球做出手腕加速的抖腕动作，将球击打到底线。而发网前球不做大力击球动作，采用斜拍面向前推送的方式，将球发到前发球线附近。由于击球瞬间的动作有变化，发球的难度加大，增加了发球的线路变化，提高了发球动作的一致性，可以更好地迷惑对手。

反手发球技术如下。

反手发球是一种以反拍面在身体左前方击球的发球技术。与正手发球技术相比具有隐蔽性和突击性。其技术主要有反手发网前球、反手发平高球、反手发平射球3种。反手发球技术在双打中使用更为频繁，更符合其"短、平、快"的特点。

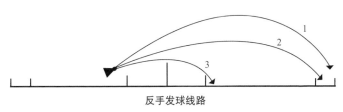

反手发球线路

1—反手发网前球；2—反手发后场平射球；3—反手发后场平高球

（一）基本站位

发球员站在靠近场地中线的位置，并且距离前发球线较近。

（二）发球准备姿势

发球员面向球网，右脚在前，左脚在后，可以适当提踵，重心在前脚，上体稍前倾。右手握在拍柄的前端，肘关节抬起，前臂内旋，手腕前屈；左手拇指与食指捏住羽毛，球托向下，斜放球拍前面。

（三）技术要领

1. 反手发网前球

反手发网前球是一种飞行弧度低、距离短、落在对方前发球线附近的发球方式。发网前球可以防止对方直接扣杀，从而争取第三拍机会。

挥拍动作：挥拍击球时，球拍稍后摆，前臂发力，连续向斜前上方推送挥拍。

▲ 反手发球准备姿势

击球动作：拇指向前顶，手腕由前屈变为向后伸展，轻轻地切击球托的后侧部。

随挥动作：击球后前臂随惯性上摆到一定高度后制动，停止发力。

2. 反手发平高球

反手发平高球的技术性能与正手发平高球相同，但更具隐蔽性、威胁性。挥拍动作与随挥动作都与反手发网前球相同。

击球动作：击球时手腕由屈变直，球拍向前上方挥动，球突然飞过接发球员，飞向后发球线。

3. 反手发平射球

反手发平射球的技术性能与正手发平射球相同，球以与网几乎平行的弧度直飞至对方后发球线附近，其技术更具隐蔽性和突击性。在双打中常用于发球抢攻战术。反手发平射球的挥拍动作与随挥动作都与反手发网前球相同。

击球动作：拍面与地面接近垂直状态，利用拇指的顶力屈指发力，击打球托后部，向前推进击球。

常见 错 误 动 作 ●●●

Error action

发球时由于向上提持球手，从而造成"过手"或"过腰"的违例动作。

纠正方法：学习发球规则，掌握正确的发球要领。

▲ 发球过手　　▲ 发球过腰

练习方法 *Training Methods*

① 分解练习与连贯练习相结合。在学习反手发后场高远球的基础上，依照动作要领，先做分解练习，再做完整的挥拍练习，直至熟练。

② 击打吊线球。用绳拴住球，选择适当的高度将球固定吊好，反复做发球挥拍击球动作练习，体会球与拍之间的距离感觉及前臂内旋带动手腕由伸腕到展腕的发力过程。

③ 持拍面对墙壁做发球练习。

④ 在场地上练习发球，强调发球的动作一致性、落点的多样性。

二、单打接发球技术 ◀◀◀◀

接发球是还击对方发过来的球。接发球和发球一样，是羽毛球运动最基本的技术，在比赛中同样起着重要作用。发球方利用多变的发球技术来打乱接发球方的习惯争取主动，而接发球方则通过多变的接发球技术来破坏发球方的企图。

（一）接发球站位

接发球首先要选择合适的站位。一般情况下，单打的接发球站位在离前发球线约 1.5 米处。在右发球区应站在靠中线的位置；在左发球区则站在中间稍偏边线的位置，主要防备对方发球攻击己方的反手。

▲ 右发球区接发球站位

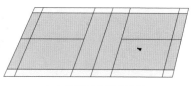

▲ 左发球区接发球站位

（二）接发球准备姿势

参见步法中的准备姿势。

（三）单打接发球技术分类

1. 前场击球技术

（1）接发球搓球、放网前球

搓球指当对方发网前球质量不高时，应判断准确，在高点击球，以斜拍面摩擦击球，使球翻滚过网的接发球技术。放网前球指对方发网前球较好，我方被动击球，轻击球托，球擦网而过的接发球技术。

（2）接发球推球

即将对方发来的网前球以较平的飞行弧线推至对方后场区域的接发球技术，推直线可以加大对手接球难度。

（3）接发球勾球

即将对方发来的网前球，以斜对角线路勾至对方网前的接发球技术。

（4）接发球挑球

即将对方发来的网前球，以较高的飞行弧度挑至对方后场的接发球技术。

（5）接发球扑球

将对方发至前场弧度较高的网前球，以向下飞行的弧线从高处扑至对方场区的接发球技术。

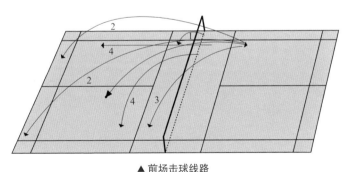

▲ 前场击球线路

1—接发球搓球、接发球放网前球；2—接发球推球、接发球挑球；3—接发球勾球；4—接发球扑球

2. 后场回击技术

（1）接发球击高远球

即将对方发至后场的球，以高或半高的弧度回击至对方后场端线附近的回击技术。

（2）接发球击吊球

即将对方发至后场的球以斜拍面从上而下的飞行路线，击至对方前场区域的回击技术。

（3）接发球击杀球

即将对方发至后半场质量不高的球，由自上而下的飞行路线击向对方中场区域的回击技术。

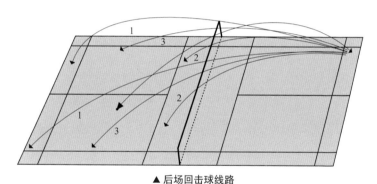

▲ 后场回击球线路

1—接发球击高远球；2—接发球击吊球；3—接发球击杀球

前场技术

一、前场击球技术 ◀◀◀

在羽毛球比赛中，前场击球技术是重要的技术之一，完善的网前技术有利于控制和调动对方，取得主动权。前场技术包括网前高手位的搓球、勾球、推球、扑球及网前低手位的挑球、放球及被动勾球。网前技术握拍要灵活，动作细腻，手指手腕灵巧，以控制好球的落点。

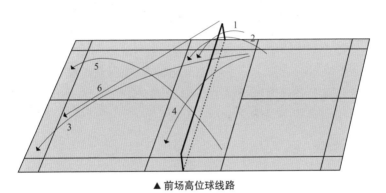

▲ 前场高位球线路

1—前场搓球；2—前场低手位放球；3—前场平推斜线球；4—前场勾球；
5—前场挑斜线球；6—前场扑斜线球

（一）前场高手位技术

1. 搓球

搓球是指在网前用球拍切击球托，使球旋转翻滚越过网顶的击球技术。搓球时，由于运用搓、切等动作摩擦球托的不同部位，使球越过网顶时的轨迹发生变化，给对方回击造成困难，从而创造了进攻的机会。搓球是一种从一般放网前球技术基础上发展起来的具有进攻性的放网技术。搓球技术有正手搓球和反手搓球两种。

（1）正手搓球

准备动作：侧身对球网，正手握拍，球拍随着前臂伸向右前方斜举。

击球动作：当球拍举至最高点时，前臂向外旋转，手腕由后伸至内收闪动，握拍手的食指和拇指夹住拍柄，中指、无名指和小指轻握拍柄，使球拍在手腕和手指的挥摆用力下，搓击来球的右下底部，使球翻滚过网。

随挥动作：击球后将拍收回体前。

（2）反手搓球

准备动作：侧身对左侧前场，反手握拍，前臂稍往上举的同时，手腕前屈，手背约与网同高，而拍面低于网顶，反拍面迎球。

击球动作：搓球时主要靠前臂的前伸外旋和手腕由内收并外展的合力，切击球的后底部使球侧旋滚动过网，击球时拍面有一定的斜度。

随挥动作：击球后将拍收回体前。

练习方法 *Training Methods*

① 徒手模仿网前搓球技术动作。

② 定点搓球练习：两人一组，隔网而站，一人向固定一点抛球，另一人做原地搓球练习。

③ 定点移动搓球练习：两人一组，隔网而站，一人向固定一点抛球，另一人做从中场移动的搓球练习。

④ 变向移动搓球练习：两人一组，隔网而站，一人先后向网前两点抛球，另一人做从中场移动的搓球练习。

扫描二维码看羽毛球国家级运动员"前场搓球"技术演示

常见 错 误 动 作 ●●●

Error action

① 握拍太紧，动作僵硬，击球时动作过大，用前臂挥动砍、切球，没有捻动球拍动作。

纠正方法：握拍时手心空出，根据动作要领，用手指灵活控制拍面角度，并掌握用力的大小。

② 击球部位不正确，球不旋转。

纠正方法：反复练习，切击球托不同位置。注意击球时机和击球拍面。

③ 拍面角度不对，太平。

纠正办法：做定点搓球练习，用斜拍面击球。

④ 手臂弯曲。

纠正方法：手臂伸直，但不要过直。

2. 勾球

在网前用屈腕或伸腕的动作调整球拍角度，轻快地将球回击到对方斜对角的网前区内，称为勾球。当球飞越网顶时，尽可能贴网而过。

（1）正手勾球

准备动作：球拍随前臂往右前方斜上举。在前臂前伸时稍有外旋，手腕微后伸，握拍手将拍柄稍向外捻动，使拇指贴在拍柄的宽面上，食指的第二指关节贴在拍柄背面的宽面上，拍柄不接触掌心。

击球动作：击球时，靠前臂稍有内旋往左拉收，手腕由稍后伸至内收闪腕，挥拍拨击球托的右侧下部，使球向对方网前掠网坠落。拨击球时，手腕要控制拍面角度。

随挥动作：击球后将拍收回体前。

（2）反手勾球

准备动作：反手握拍，当来球飞过网时，随着小臂前伸，球拍平举。脚步前移，球拍随手臂下沉。

击球动作：在球过网下落的一瞬间，肘部突然下沉，同时前臂稍外旋，手腕由稍屈至后伸闪腕，拇指内侧和中指把拍柄往右侧拉，其他手指握紧拍柄，拨击球托的左侧后部，使球沿对角线飞越过网。

随挥动作：击球后将拍收回体前。

 练习方法 *Training Methods*

① 徒手模仿网前勾球技术动作。

② 定点勾球练习：两人一组，隔网而站，一人向固定一点抛球，另一人做原地勾对角球练习。

③ 定点移动勾球练习：两人一组，隔网而站，一人向固定一点抛球，另一人做从中场移动的勾球练习。

④ 变向移动勾球练习：两人一组，隔网而站，一人先后向网前两点抛球，另一人做从中场移动的勾球练习。

扫描二维码看羽毛球国家级运动员"前场高手位勾球"技术演示

常见 错 误 动 作 ●●● Error action

手臂前伸引拍动作僵硬，勾球不到位。

纠正方法：手指手腕动作要协调配合，注意引拍动作前的外旋及手臂的带动回收动作。

3. 平推球

在网前较高的击球点上，用推击的方法往对方底线击出弧度较平、速度较快的球，称为平推球。由于击球点到网的距离很短，球又平直快速，再加上控制好落点，所以平推球是网前进攻性很强的技术。

平推球可分为正手推直线、对角线和反手推直线、对角线。

（1）正手平推球

准备动作：站在右侧网前，右脚在前，左脚在后，球拍向右侧前上举。在肘关节微屈回收时，前臂稍外旋，手腕稍向后伸，拍面正对来球。小指和无名指稍松开，使拍柄离开掌心，拇指和食指向外捻动拍柄，拍面更为后仰。

击球动作：推球时，身体稍往前移，手腕由伸到屈至展，食指向前推压，小指和无名指突然握紧球拍，使球沿边线飞向对方后场。

随挥动作：击球后将拍收回体前。

（2）反手平推球

准备动作：站在左侧网前，反手握拍，右脚在前，左脚在后，前臂向网前上方伸举。肘关节微屈，反拍面迎球。

击球动作：前臂前伸并带外旋，手腕由外展到伸直闪腕，中指、无名指、小指突然紧握拍柄，拇指顶推，击球托的左侧后部。

随挥动作：击球后将拍收回体前。

练习方法 *Training Methods*

① 徒手模仿网前平推球技术动作。

② 定点平推球练习：两人一组，隔网而站，一人向固定一点抛球，另一人做原地平推球练习。

③ 定点移动平推球练习：两人一组，隔网而站，一人向固定一点抛球，另一人做从中场移动的平推球练习。

④ 变向移动平推球练习：两人一组，隔网而站，一人先后向网前两点抛球，另一人做从中场移动的平推球练习。

扫描二维码看羽毛球国家级运动员"前场平推球"技术演示

常见 错 误 动 作 ●●● Error action

① 击球点太低，推球的弧线太高或下网。

纠正方法：快速判断，抓住最佳击球时机，控制好拍面角度。

② 球拍后摆幅度过大。

纠正方法：正确掌握技术动作要领，后摆幅度要小，发力短促快速。

4. 扑球

对方击来的网前球刚过网，高度仍在网沿上面时，即迅速上网挥击下压过去，称为扑球。扑球利用手腕的爆发力，出手快，是网前进攻中威胁最大的一项技术。

（1）正手扑球

准备动作：看到来球较高时，左脚先蹬离地面。身体腾空跃起，在右脚蹬跨的同时，前臂往前上方举起，球拍正对来球方向。蹬跳后，身体凌空跃起，小臂往前上伸，稍外旋，腕关节后伸，同时虎口对着拍柄的宽面，小指和无名指稍松开，使拍柄离开掌心。

击球动作：击球时，手腕由后伸向前下方快速收腕发力，击打球托正面，如果球离网较近，可采用从左向右与球网几乎平行的挥拍动作完成扑球，以避免击球后触网违例。无论采用何种方式扑球，击球后注意前臂和手腕的制动。

随挥动作：击球后将拍收回体前。

（2）反手扑球

准备动作：反手握拍举于左前上方。当身体向左前方跃起时，球拍随着小臂前伸而前举，手腕外展，拇指顶压在拍柄的宽面上，食指和其他三指并拢。

击球动作：击球时，前臂伸直外旋带动手腕内收至外展，拇指顶压加速挥拍扑球。击球后，右脚着地屈膝缓冲，回收球拍于体前。

随挥动作：击球后将拍收回提前。

练习方法 *Training Methods*

① 徒手模仿网前扑球技术动作。

② 定点扑球练习：两人一组，隔网而站，一人向固定一点抛球，另一人做原地扑球练习。

③ 定点移动扑球练习：两人一组，隔网而站，一人向固定一点抛球，另一人做从中场移动的扑球练习。

④ 变向移动扑球练习：两人一组，隔网而站，一人先后向网前两点抛球，另一人做从中场移动的扑球练习。

扫描二维码看羽毛球国家级运动员"前场扑球"技术演示

常见 错 误 动 作 ● ● ● Error action

① 动作太大，挥拍时间长。

纠正方法：扑球时动作要小而迅速。

② 手腕没有闪动作，使球缺少向下的飞行趋势，容易造成底线出界。

纠正方法：正确掌握技术动作，若击球点高、远离网，可用前臂和手腕向下扑球。

③ 手腕压得过低，击球易下网。

纠正方法：练习时注意手腕的正确用力。

（二）前场低手位技术

1. 挑球

把对方击来的网前球挑高，回击到对方后场去，称为挑球。这是一种处于较被动情况下的回击方法，把球挑高，挑向对方后场以赢得时间重新调整好身体重心与场上位置，准备下一拍击球。

（1）正手挑球

准备动作： 正手握拍举在胸前。击球前前臂充分外旋，手腕尽量后伸。右脚向网前跨出一大步，左脚在后，侧身向网，重心在右脚上。同时右臂向后摆，自然伸腕，使球拍后引。

击球动作： 以肘关节为轴，屈臂内旋，并握紧球拍，用食指及手腕的力量，从右下方向右前方至左上方挥拍击球，将球向前上方击出。若球拍向右前上方挥动，挑出的是直线高球；若球拍向左前方挥动，挑出的则是对角高球。

随挥动作： 击球后将拍收回体前。

（2）反手挑球

准备动作：反手握拍举在胸前。击球前右臂往后拉，抬肘引拍。右脚向左前方跨出一大步，重心放在右脚上。同时右肩对网，屈肘引拍至左肩。

击球动作：以肘关节为轴，握拍经体前由下往上，用拇指第一指节压住拍柄的宽面，用力将球击出。击球时前臂充分内旋，手腕由屈至后伸闪动挥拍击球。若球拍自左下向左前上方挥动，则球向直线方向飞行；若球拍由左下向右前上方挥动，则球向对角线方向飞行。

随挥动作：击球后将拍收回体前。

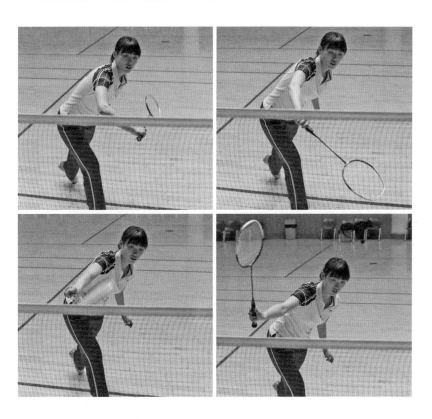

练习方法 *Training Methods*

①徒手模仿网前挑球技术动作。

②定点挑球练习：两人一组，隔网而站，一人向固定一点抛球，另一人做原地挑球练习。

③定点移动挑球练习：两人一组，隔网而站，一人固定向一点抛球，另一人做从中场移动的挑球练习。

④变向移动挑球练习：两人一组，隔网而站，一人向网前两点抛球，另一人从中场移动的挑球练习。

扫描二维码看羽毛球国家级运动员"前场低手位挑球"技术演示

常见 错 误 动 作 ●●●

①击球后身体重心继续前冲，回动有困难。

纠正方法：移动时保持身体重心在两脚间，不要过于前倾。

②挑球不够高、不够远。

纠正方法：注意拍面角度，击球瞬间向前上方用力。

③击球点太靠外或太靠内，收拍于右肩，挥拍动作横扫。

纠正方法：徒手正确动作练习。

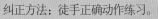

▲ 正手挑球击球点太靠外

▲ 正手挑球击球点太靠内

▲ 正手挑球收拍于右肩　　　　▲ 反手挑球挥拍击球时横扫

2. 勾球

（1）正手勾球

与高手位勾球动作一致，但拍面抬击的角度比高手位勾球要大，力量也较大。

（2）反手勾球

与高手位勾球动作一致，但拍面抬击的角度比高手位勾球要大，力量也较大。

练习方法 *Training Methods*

① 徒手模仿网前勾球技术动作。

② 定点勾球练习：两人一组，隔网而站，一人向固定一点抛球，另一人做原地勾对角球练习。

③ 定点移动勾球练习：两人一组，隔网而站，一人向固定一点抛球，另一人做从中场移动的勾对角球练习。

④ 变向移动勾球练习：两人一组，隔网而站，一人先后向网前两点抛球，另一人做从中场移动的勾对角球练习。

扫描二维码看羽毛球国家级运动员"前场低手位勾球"技术演示

常见 错 误 动 作 •••• Error action

勾球质量不高，下网或离网过高。

纠正方法：手臂带动手腕协调用力，控制好拍面。

3. 放网前球

当对方击来网前球，用球拍轻轻一托，将球向上弹起恰好过网就向下坠落，称为放网前球。网前球往往是运动员没能及时赶到较高位置上击球而被动使用的，但质量高的放网前球也可以扭转被动局面。

（1）正手放网前球

准备动作：侧对球网，右腿跨成弓箭步，重心放在右脚上，正手握拍，做好放网前球准备。当球来至网前，球拍随着小臂向右前上方斜举，在球拍举至最高点时，小臂开始外旋，手腕稍后伸，左臂自然后伸。

击球动作：击球时，小臂稍外旋，手腕由后伸至稍内收闪动，握拍手的食指和拇指夹住球拍，中指、无名指、小指轻握拍柄，轻击球托，把球轻送过网。

随挥动作：击球后将拍收回体前。

（2）反手放网前球

准备动作： 侧对球网，右腿跨成弓箭步，重心放在右脚上，反手握拍，做好放网前球准备。当球来至网前，球拍随着小臂向左前上方斜举，在球拍举至最高点时，小臂开始外旋，手腕稍后伸，左臂自然后伸。

击球动作： 击球时，小臂稍外旋，手腕由后伸至稍内收闪动，握拍手的食指和拇指夹住球拍，中指、无名指、小指轻握拍柄，轻击球托把球轻送过网。

随挥动作： 击球后将拍收回体前。

练习方法 Training Methods

① 徒手模仿网前放网技术动作练习。

② 定点放网练习：两人一组，隔网而站，一人向固定一点抛球，另一人做原地放网练习。

③ 定点移动放网练习：两人一组，隔网而站，一人向固定一点抛球，另一人做移动的放网练习。

④ 变向移动放网练习：两人一组，隔网而站，一人先后向网前两点抛球，另一人做从中场移动的放网练习。

扫描二维码看羽毛球国家级运动员"前场低手位放网前球"技术演示

球不过网或过网太远太高。

纠正方法：根据来球调整拍面角度和用力大小。

二、前场击球步法 ◀◀◀

从中场起动向前移动击球的步法称为前场步法。前场步法可以采用交叉步、并步、垫步以及蹬跨步。

1. 右侧蹬跨步上网

判断准对方来球后，双脚迅速用力蹬地，右脚向来球方向跨出一大步，以从脚跟到脚掌外侧的顺序着地，再过渡到前脚掌，身体略前倾，右膝弯曲成弓步。左脚自然向前脚着地的方向靠小半步，保持正确的击球姿势。击球后，右脚蹬地，迅速回到中心位置。左侧蹬跨步上网动作方法同右侧蹬跨步上网，方相相反。

2. 右侧交叉步

判断准对方来球后，根据球的距离，可采用两步或三步上网。

两步上网，左脚向右前方迈出一步，右脚紧接着向右前方跨出。击球后用右脚蹬地，用小步、交叉步或并步回到中心位置。

三步上网，右脚向前迈出第一步，左脚紧接着向右脚的前侧或后侧迈一步，右脚再向前方迈出一大步成弓步。击球后，右脚蹬地用小步、交叉步或并步回到中心位置。左侧交叉步上网动作方法同右侧交叉步上网，方向相反。

3. 右侧并步或垫步

判断对方来球后，右脚先迈出一小步，左脚向右脚垫一小步或并一小步，紧接着右脚再向前移一步。左侧并步或垫步上网动作方法同右侧并步或垫步上网，方向相反。

 练习方法 *Training Methods*

按照中心位置—上右网前—回中心位置—上左网前—回中心位置的顺序做步法移动练习。上网后持拍做各种网前击球技术的挥拍。

常见 错 误 动 作 •••• Error action

①判断错误，起动慢。

纠正方法：加强步法练习，一人指示方向，另一人按指示方向做快速起动练习。

②步法与击球动作不协调。

纠正方法：通过多球练习提高协调能力。

③击球后缺乏回中意识。

纠正方法：按照指示方向，练习者做步法移动练习，强调每次移动后都回中心位置。

中场技术

一、中场击球技术 ◀◀◀

中场击球技术大致可分为接杀球技术、平抽挡技术、腾空杀球技术。由于中场是攻防转换的重要区域，双方的距离较近，球在空中滞留的时间也较短，因此中场击球技术要求挥拍预摆幅度小，突出一个"快"字。

（一）中场接杀球技术

把对方扣杀到中场的球还击回去，称为中场接杀球。一般多采用挑球、平抽球、放直线网前球和勾球。接杀球是防守技术，只要反应快、判断准确、手法娴熟，回球的落点和线路运用得当，在防守中体现出快的精神，就能达到由守转攻的目的。

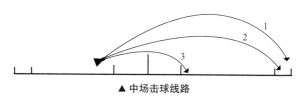

▲ 中场击球线路

1—接杀挑球；2—接杀平抽球；3—接杀放直线小球

1. 接杀挑球

当对方杀球至低位时，以高弧度回击至对方后场底线附近的球为接杀挑球。防守中运用这种击球技术可调动对手、削弱对手进攻威力。

（1）正手接杀挑球

当对方杀球至右边线时，运用接杀球步法向来球方向移动，同时，右臂带动前臂和手腕外旋引拍，从右下向前上方挥拍击球至对方底线。

（2）反手接杀挑球

当对方杀左边线时，运用接杀球步法向来球方向移动，用反手握拍法引拍至左侧前方，前臂外旋带动手腕，利用拇指的顶力向前上方伸腕发力将球击出。

练习方法 *Training Methods*

① 两人一组多球练习，一人发中后场高球，另一人做杀直线球动作，然后再由前者做接杀球练习。

② 两人一组多球练习，按照①的方法做杀斜线球练习及杀直线球、杀斜线球混合练习。

扫描二维码看羽毛球国家级运动员"中场接杀挑球"技术演示

常见错误动作 ···· Error action

①击球点靠后,造成出球无力。

纠正方法:根据来球,做好准备姿势,调整拍面角度、力量和动作速度。

②反应慢,接不到球。

纠正方法:通过多球练习,提高反应速度及对来球的判断能力。加强接杀球步法练习。

2. 接杀平抽球

将对方杀至肩、腰部位置的球,沿球网平行弧度,向对方场区抽压回击,为接杀平抽球。接杀平抽球的击球点高,防守中若对方击球质量不高时,应抓住机会运用接杀平抽球进行反攻。

（1）正手接杀平抽球

引拍动作:运用接杀球步法向来球方向移动,同时正手握拍举于右肩前,击球前肘关节前摆,前臂稍往后带、外旋,手腕外展后伸,引挥至体后。

击球动作:击球时前臂迅速内旋,食指控制球拍,在其余4个手指的协作下高速平扫来球。

随挥动作:击球后将球拍收回于体前,迅速回中。

（2）反手接杀平抽球

引拍动作:运用接杀球步法向来球方向移动,同时反手握拍在左侧前方,击球前,肘关节向前,前臂内旋,引拍至左侧。

击球动作：击球时前臂外旋、手腕外展，将球平扫至对方场区。

随挥动作：击球后将球拍收回于体前，迅速回中。

练习方法 *Training Methods*

两人一组进行多球练习，一人杀球，一人回抽球，然后进行多拍抽球练习。

扫描二维码看羽毛球国家级运动员"中场接杀平抽球"技术演示

常见 错 误 动 作 ●●●

Error action

①击球质量不高，回球过高或下网。

纠正方法：抓好击球时机，尽量将击球点放于体前，并控制拍面。

②回球的飞行速度慢、无力。

纠正方法：多做以肘为轴，前臂带动手腕做小幅度的快速挥拍练习。

3. 接杀放直线网前球

将对方击来的杀球，回击网前球至对方前场区域为接杀放直线网前球。运用此技术可使对方前后奔跑，有效地限制对手进攻。

（1）正手放直线网前球

引拍动作：运用接杀球步法向来球方向移动，同时正手持拍，手臂右伸，前臂外旋，手腕展开。

击球动作：击球时手腕屈收，手指控制球拍面，借助对方杀球的力量，以一定的仰角斜拍面向前上方推送，切击球托的底部。

随挥动作：击球后将球拍收回于体前，迅速回中。

（2）反手放直线网前球

引拍动作：运用接杀球步法向来球方向移动，同时反手持拍，手臂左伸，前臂外旋。

击球动作：手腕由展腕至收腕发力，以一定的仰角斜拍面向前上方推送，切击球托的底部。

随挥动作：击球后将球拍收回于体前，迅速回中。

练习方法 *Training Methods*

① 两人一组多球练习，一人杀球，一人练习放直线网前球。

② 两人一组多拍练习，一人杀球后回中，另一人放直线网前球或挑球。

扫描二维码看羽毛球国家级运动员"中场放直线网前球"技术演示

常见 错 误 动 作 ●●● Error action

球下网或过网太高。

纠正方法：提高反应和移动速度，争取最佳击球时机，控制拍面角度及击球力量。

4. 接杀勾球

将对方击来的杀球回击网前球至对方前场对角区域为接杀勾球。使用此项技术可增加对方前后移动的难度，改变被动局面，降低对方进攻速度。

（1）正手接杀勾球

引拍动作：运用接杀球步法向来球方向移动，同时正手握拍，手臂右伸，前臂外旋，手腕外展。

击球动作：击球时肘关节靠前臂稍有内旋往左拉收，手腕由后向内收，闪腕，挥拍拨击球托的左侧下部，使球沿对角线飞越过网。视对方杀球力量的大小来调整击球力量。

随挥动作：击球后将球拍收回于体前，迅速回中。

（2）反手接杀勾球

引拍动作：运用接杀球步法向来球方向移动，同时反手握拍，手臂左伸，前臂外旋，手腕外展。

击球动作：击球时肘部突然下沉，同时前臂稍外旋，手腕由稍屈至后伸闪腕，拇指内侧和中指把拍柄往右侧拉，其他手指突然握紧拍柄，拨击球托的左侧后部，使球沿对角线飞越过网。

随挥动作：击球后将球拍收回于体前，迅速回中。

练习方法 *Training Methods*

① 两人一组进行多球练习，一人杀球，一人进行勾对角练习。
② 两人一组进行多拍练习，一人杀球后回中，一人勾对角或挑球。

（二）中场平抽、快挡技术

1. 抽球

抽球是把在头部以下、腰部以上身体左右两侧的来球平扫过网的击球方法。抽球的击球特点是飞行弧度较平，落点较远。在双打中常用，在单打中为了改变节奏，对手的球速较慢时也可使用。

（1）正手抽球

准备动作：站在右场区中部，两脚平行开立稍宽于肩，重心在两脚间，微屈膝收腹，击球前重心移至右脚。

击球动作：右臂屈肘举拍于右肩上方，要靠前臂带动腕部"抽鞭式"地闪动挥拍，将球抽向对方。

随挥动作：击球后将球拍收回于体前，迅速回中。

（2）反手抽球

准备动作：右脚前交叉在左脚前，重心落在右脚上，右臂屈肘举拍于左肩上方。

击球动作：击球时，以躯干为竖轴，上臂带动前臂做向后的半圆形挥拍，在手臂近乎伸直时，手腕用力向后方闪动挥拍击球。

随挥动作：球击出后，即右脚蹬地，转向中心位置回中。

练习方法 Training Methods

① 固定单边抽球练习：甲乙两人一人正手抽球，另一人反手抽球，再交换。

② 一人固定一人移动抽球练习：甲固定，将球分别抽至乙的正手和反手位，乙将球抽至甲站的位置，击球后回中。

③ 不固定的两边抽球练习法：甲乙双方均可抽直线球或斜线球。

常见 错 误 动 作 ●●● Error action

① 正反手转换不及时。

纠正方法：多做正反手转换的徒手挥拍练习。

② 击球质量不高，回球过高或下网。

纠正方法：控制好拍面角度及力量，掌握好击球点。

2. 挡球

一般用于杀球力量大、球速快时，借来球的力量，把球挡回去。

（1）正手挡球

身体右侧的来球用正手挡球，身体重心移向右脚，右臂向后伸出，放松握拍，拍面略后仰对准来球，将球挡回对方网前区。

（2）反手挡球

身体左侧的来球用反手挡球，身体重心移向左脚，右臂向左侧伸去，放松握拍，反拍面略后仰对准来球，将球挡回对方网前区。

 练习方法 *Training Methods*

两人一组进行多球练习，一人杀球，一人进行正反手挡球练习。

常见错误动作 Error action

①引拍动作及击球力量过大，球远离球网。

纠正方法：视对方杀球力量的大小来调整击球力量，对方杀球力量大，击球发力相对小；反之，对方杀球力量不够大时，击球力量相对较大。

②反应速度慢，击不到球。

纠正方法：通过多球练习提高反应速度。

（三）中场腾空杀球技术

这是一种将对方击至中后场区域、弧度较高的球，以较大力量、较快的速度由高至低击打到对方场区中后场的击球技术。其目的是，当对方回球质量不高时抓住机会进行反攻。

引拍动作：屈膝降低重心，右脚在后，侧身对网，身体向来球方向起跳，手臂外旋向后引拍，手腕充分后伸，准备击球。

击球动作：击球点应在斜前上方，前臂内旋，带动手腕手指抓紧球拍，前屈微收，闪动击球。

随挥动作：抽球后，前臂随惯性往左下方挥动，身体重心在左脚上，然后立即回中心位置。

练习方法 *Training Methods*

两人一组进行多球练习，一人发球中场平球，另一人练习腾空杀球。

扫描二维码看羽毛球国家级运动员"中场杀球"技术演示

常见**错误动作** ●●● Error action

杀球下网或过高。

纠正方法：快速移动，控制好击球点，手腕适当下压。

二、中场两侧移动步法 ◀◀◀

从中心位置向左右两侧移动至击球点击球的步法，称为中场两侧移动步法。多用于接对方的扣杀和半场低平球。

（一）向右侧移动步法

1. 向右侧蹬跨步法

准备姿势站好，起动后左脚内侧用力蹬地，同时向右转髋，右脚向右侧跨出一大步，重心在右脚上，脚尖朝向右侧，上体略向右侧倒，做正手击球动作，击球后，右脚前脚掌回蹬，回到中心位置，这种步法适合在来球距身体较近时使用。

2. 右侧垫步步法

　　准备姿势站好，起动后左脚向右脚并一步或后交叉一步，左脚一着地，就用力向右蹬，紧接着，右脚迅速向右跨出一大步成弓步，身体略向右侧倒，正手击球，击球后右脚前脚掌回蹬，回中心位置。这种步法适合在来球距身体较远时使用。

（二）向左侧移动步法

1. 向左侧蹬跨步法

准备姿势站好，起动后左脚内侧用力蹬地，同时向左转髋，右脚向左侧跨出一大步，重心在右脚上，脚尖朝向左侧，上体略向左侧倒，做反手击球动作，击球后，右脚前脚掌回蹬，回到中心位置。这种步法适合在来球距身体较近时使用。

2. 左侧垫步步法

准备姿势站好，起动后左脚向左迈一步，紧接着，右脚迅速向左跨出一大步成弓步，身体略向左侧倒，反手击球，击球后右脚前脚掌回蹬，回中心位置。这种步法适合在来球距身体较远时使用。

练习方法 *Training Methods*

① 两人一组练习，一人指示方向，一人练习，中场两侧的各种移动相结合。

② 两人一组练习，一人指示方向，一人练习，进行全场的步法练习，包括中场两侧的移动，提高与其他移动的转换速度。

③ 左右场地移动练习，从右侧单打边线出发，转身触摸左侧单打边线后，面向球网方向转身移动，右手触摸右侧单打边线。如此反复，通过低重心的左右场地移动提高转体灵活性及快速移动能力。

常见 错 误 动 作 ●●● Error action

① 判断方向错误，跑动盲目。

纠正方法：集中注意力，在对方出手一瞬间判断方向，通过镜面步法模仿练习，增强步法变向跑动能力。

② 步法与击球动作衔接不连贯，接球动作不协调。

纠正方法：加强步法和挥拍的衔接练习，做出最后一步步法练习和击球的连贯动作；注意步法跑动的节奏，要和击球时间衔接。

后场技术

一、后场击球技术 ◀◀◀

后场技术有力量大、速度大、爆发力和攻击力强等特点，是羽毛球运动中重要的击球技术。根据击球位置的不同，后场击球可分为后场高手位击球和后场低手位击球。

（一）后场高手位击球技术

后场高手位击球，击球点在头部的上方，可采用高远球、平高球、吊球、杀球、劈球等技术。

1. 后场高远球

后场高远球是将对方击至本方后场底线附近的球回击得又高又远，落至对方底线附近的一种球。由于球飞得弧度高、速度慢，在被动状态下运用，可有效地争取回位时间。调整好接球位置，有效调动对手。

（1）正手高远球

准备动作： 首先准确判断来球的方向和落点，向右后方转体侧身后退，使球处于自己的头部前上方的位置，左肩对网，左脚在前，右脚在后，重心在右脚上，左臂屈肘，左手自然高举，右手挥拍，手臂自然弯曲，将球拍举在右肩上方，手腕、拍面稍内旋，两眼注视来球。

击球动作： 上臂后引，肘关节上提，将球拍后引至头部，自然伸腕（拳心朝上），然后在后脚蹬地、转体收腹的同时，以肩为轴，上臂带动前臂快速向前上方甩腕，在手臂伸直的最高点击球。

随挥动作： 持拍手臂顺惯性往前下方挥动并收拍至体前，由此同时，左脚后撤，右脚向前迈出，身体重心由后脚移到前脚上。

（2）反手高远球

　　准备动作：首先判断好对方来球的方向和落点，迅速将身体转向后方，移动步法，最后一步用右脚交叉跨到左侧底线，背对网，身体重心在右脚上，使球处在身体右上方。

　　击球动作：以大臂带动前臂，产生初速度；在肘部上抬至与肩平行时，转为前臂带动手腕，通过手腕的闪动，自下而上地甩臂将球击出。击球后立即回中。

练习方法 *Training Methods*

① 多球练习：两人一组，进行多球练习，一人发后场高远球，一人回击高远球。

② 原地对打练习：两人一组，进行原地高远球对打练习。

③ 移动对打高远球练习

a. 一人固定、一人移动练习：一人在底线击高远球，另一人前后移动回击高远球（在底线击完球后回中）。

b. 一点打一点前后移动练习：双方在击完球之后均应回到中心位置，然后再退至底线，回击对方打来的高远球，反复练习。

c. 一点打两点移动练习：甲固定在底线回击乙打过来的高远球，可随意打直线球或斜线球以调动对方，而乙回过来的球必须打到甲所在的位置上，这样反复练习，既能提高乙的球性和起动回动能力，又能提高乙对击球落点的控制能力。

d. 两点打两点移动练习：甲乙两人都能在底线随意击直线球或斜线球，打完球后都必须回中。

不论击直线高远球还是斜线高远球，都应该注意控制球的落点，将球打得又高又远。

扫描二维码看羽毛球国家级运动员"后场高远球"技术演示

常见错误动作 ●•••

①击球点选择不当，拍面控制不当，经常打不到球。

纠正方法：多做原地挥拍练习，可找一个高度适当的树梢为目标进行挥拍练习。

②动作不协调，发力不好，不是靠挥臂甩腕动作的爆发力把球击出，而是将球推出。

纠正方法：加强击球瞬间的挥拍练习，进一步了解和领会全身协调用力。

③击出的球落点差，打不到底线，高度不够。

纠正方法：选择最佳地击球点击球，注意控制拍面角度和发力方向。

▲ 曲臂、击球点过低　　▲ 击球点太靠外　　▲ 击球点太靠前

2. 后场平高球

平高球是弧线比高远球低，速度比高远球快，对方举拍拦截不到，落点在对方端线附近的球。这是一种在主动状态下运用的击球技术。平高球技术是从高远球技术发展而来的，提高了移动速度，改变了击球手法，加大了挥拍击球时的爆发力和球的飞行速度。它是比赛中控制与反控制，直接进攻或主动过渡以创造进攻机会的有效手段。

准备动作与随挥动作同高远球。

击球动作：同高远球一样，只是在击球的一瞬间，向前方用力，使击出的球弧度较低。在击球点上的拍面仰角小于击高远球时的拍面仰角。

平高球也可分为正手平高球和反手平高球，其动作要领与高远球基本一样，所不同的是，最后用力主要是向前方。而不是向前上方。

同正手高远球。

常见 错 误 动 作 •••• Error action

平高球弧线过低或飞行速度慢，常被对方拦截。

纠正方法：控制好拍面角度，快速转体挥拍。

3. 后场吊球

吊球是将后场球压击至对方近网两点的进攻性较强的球，分正手吊球、头顶吊球和反手吊球。与后场高远球结合使用，能有效调动对方，因此是后场的一项主要进攻技术。

（1）正手吊球

准备动作与随挥动作同高远球。

击球动作：击球时击球点比击高远球稍前，拍面正向内倾斜，手指、手腕发力，做快速切削下压动作，击球托的后部和侧后部。若吊斜线则切削球托的右侧并向左下方发力；若吊直线，则拍面正对前方向前下方切削。

（2）反手吊球

准备动作与随挥动作同高远球。

击球动作： 直线时，用球拍反面切削球托的后中部，向对方的右半场网前发力；吊斜线时，用球拍反面切削球托的左侧，朝对方左半场网前发力。

（3）滑板吊球

准备姿势及引拍与头顶击高远球一样。

击球动作： 击球时由右向左抹击球托。击球的整个过程握拍放松，小臂由外旋至内旋，手腕由外展至内收。若抹击球托后侧并且角度小一些则可以吊直线，如果抹击左后侧并且角度大一些则可以吊对角线。

练习方法 *Training Methods*

① 两人一组多球练习，一人发球，一人吊球。

定点吊直线练习：甲站在右（左）后场，乙站在左（右）前场，甲吊直线球，乙将球发至甲所在的位置，反复练习。

定点吊对角线练习：甲站在右（左）后场，乙站在右（左）前场，甲吊斜线球，乙将球发至甲所在的位置，反复练习。

② 一点吊一点前后移动练习：甲在右（左）后场吊斜线球，乙分别在右、左前场挑球，甲吊球后回中，反复练习。

扫描二维码看羽毛球国家级运动员"后场吊球"技术演示

③ 两点吊一点前后移动练习：甲先后在后场两个点上将球吊至乙的网前某个点上，乙在网前的一个点上先后将球挑至甲的后场两个点上，反复练习，强调双方击球后都迅速回中。

常见错误动作 ••• Error action

球过网弧度太高或下网，落点掌握不好。

纠正方法：后场吊球的击球点应比高远球的击球点靠前，控制好拍面角度，向前下方发力。

4.后场杀球

后场杀球是把对方击来的球在尽量高的击球点上扣压下去。这种球力量大、弧线直、落地快，给对方的威胁很大，它是进攻的主要技术。

（1）正手杀球

准备姿势与随挥动作同正手高远球。

击球动作：移动到位后，屈膝下降重心，准备起跳。侧身起跳时，往右上方提肩，带动上臂、前臂和球拍上举，以便向上伸展身体。起跳后，身体后仰挺胸成反弓形。接着右上臂往右后上方摆起，前臂自然后摆，手腕后伸，前臂带动球拍由上往下挥动，带动球拍高速前挥。当球在肩的前上方时，前臂内旋，腕前屈、微收，闪腕发力杀球。这时手指要突然抓紧拍柄，把手腕的爆发力集中到击球点上。球拍和击球方向水平面的夹角小于90度，球拍正面击球托的后部。通过拍面和角度的变换，可分为杀直线球和杀对角线球。

（2）反手杀球

准备姿势与随挥动作同反手高远球。

击球动作：在移动过程中，由正手握拍改成反手握拍，动作要领基本同正手高远球，只是在最后发力时，握紧球拍快速闪腕，挥拍杀球击打球托的后部。击球瞬间球拍与杀球方向的水平面夹角小于90度。通过拍面和角度的变换，可分为杀直线球和杀对角线球。

练习方法 *Training Methods*

① 两人一组多球练习，一人发球，一人杀球。

定点杀直线球练习：一人发后场高远球，另一人做杀直线球练习。

定点杀对角线球练习：一人发后场高远球，另一人做杀对角线球练习。

这种练习主要是让初学者提高手腕闪动压击球的感觉，以及手臂挥拍和拍面正面击球的正确感觉，形成正确的杀球技术。

②两人一组，杀上网练习。

定点杀球上网练习：甲杀直线（或对角线）球后上网，将乙回过来的网前球回击到乙的网前，乙再把球挑至甲的后场，甲从前场再退至后场进行杀球，反复练习。

扫描二维码看羽毛球国家级运动员"后场杀球"技术演示

不定点杀球上网练习：甲对乙击过来的高远球可用正手杀直线球或对角线球，或者用头顶杀直线球或对角线球，然后上网回击网前球；乙挑直线球或对角线球到甲的后场，甲退后重新进行不定点练习。

常见 错 误 动 作 ●●• Error action

①杀球下网或过网过高。

纠正方法：选择合适的击球点，根据来球的高度合理压腕。

②发力不好，杀球太软没力度，杀球时，腰腹力量用不上。

纠正方法：加强腰腹、手臂力量练习，如挥网球拍练习。

5. 后场劈球

后场劈球是一项介于吊球和杀球之间的后场进攻技术。由于劈球是以吊球的动作、杀球的力量并以斜拍面击球，所以速度快且落点比较刁钻，是后场灵活多变、威胁较大的一种进攻技术。

劈球与吊球的技术动作一致，主要区别是击球发力不同，吊球发力小，劈球则要加大击球力量。

练习方法 *Training Methods*

同吊球。

常见 错 误 动 作 ●●● Error action

球的飞行速度慢，落点质量差。

纠正方法：控制好拍面角度、力量和击球点，击球点应比高远球靠前。

（二）后场低手位击球技术

后场低手位击球即被动状态下击球，击球点大致在膝盖上下的位置，可击高远球和吊球。

1. 后场低手位高远球

（1）正手低手位高远球

准备动作： 运用后场正手被动步法，向身体右后侧区域转体移动，持拍手正手握拍，自然侧拉于身后，同时，肘关节向前，前臂外旋后倒，手腕充分后伸引拍，左手平举于相应一侧，保持平衡。

击球动作： 前臂迅速内旋，带动手腕加速，向前方挥动，右脚跨步着地的同时，以正拍面将球由低点向对方场区上方击球。击球后迅速回中。

（2）反手低手位高远球

准备动作：运用后场反手被动后退步法，迅速向来球方向移动，持拍手臂以肩为轴，前臂内旋回环引拍，握拍放松，手腕稍有外展背对球网，以跨步姿势准备击球。

击球动作：上臂和前臂迅速外旋，带动手腕加速，利用拇指的顶力和其余四指的协调用力，借助身体右转力量向对方后场区域的前上方挥拍击球。击球后迅速回中。

练习方法 *Training Methods*

两人一组多球练习，一人抛多球，一人打低手位高远球。

常见 错 误 动 作 ●··· Error action

球的飞行弧度低，速度慢，落点差。

纠正方法：加强手臂力量练习，控制好拍面角度。

2. 后场低手位吊球

（1）正手低手位吊球

准备动作同正手低手位高远球。

击球动作：击球点比正手低手位击高远球稍后一些，手指控制拍面，手腕以斜拍面仰角切击球托。击球后迅速回中。

（2）反手吊球

准备动作同反手低手位击高远球。

击球动作：击球时手腕由伸展至屈收发力，手指和手腕控制拍面力量和角度，拇指前顶发力，反拍面轻击球托左后侧部位。击球后迅速回中。

练习方法 *Training Methods*

同低手位高远球。

常见错误动作 ••• Error action

击球下网或过网过高。

纠正方法：及时跑动至击球位置，控制好拍面角度。

（三）后场头顶击球技术

在左后场区用正拍面在头顶上方击球，称后场头顶击球，是一种比较被动的击球方式。

1. 后场头顶高远球

准备动作：运用后场后退步法向来球方向移动，姿势同正手高远球，须侧身准备，但如果来不及，可以用仰面姿势准备击球。

击球动作：击球点在头顶或左肩前上方，要领同正手高远球一致。

随挥动作：同正手高远球一致。

练习方法 *Training Methods*

① 两人一组多球练习，一人发对方头顶区高远球，另一人打头顶直线或斜线高远球。

② 两人一组多拍练习，两人斜线对拉头顶高远球。

常见 错 误 动 作 Error action

球的落点不好。

纠正方法：加速转体，增强腰背肌力量。

2. 后场头顶平高球

与后场头顶高远球技术相同，但击球拍面比击高远球仰角小，手腕手指发力更快，爆发力强。

练习方法 *Training Methods*

与后场头顶高远球一致。

常见**错误动作** • • • Error action

球速慢，弧度不稳，或高或低。

纠正方法：加强手臂力量练习，控制好拍面角度，转体加速。

3. 后场头顶吊球

准备动作：准备姿势与后场头顶高远球一致。

击球动作：吊球时，用手指转动拍柄，使球拍向内旋转，以斜拍面向前下方滑动，切击球托左侧后部。

随挥动作：与后场头顶高远球一致。

练习方法 *Training Methods*

同正手高手位吊球练习。

常见 错 误 动 作 ●●● Error action

击球不过网或球的飞行角度过大而出界。

纠正方法：注意转体及拍面角度的控制。

4. 后场头顶杀球

准备动作及随挥动作同后场头顶高远球。

击球动作： 球拍在头顶前上方，比击高远球、吊球的位置更靠前，击球时，前臂内旋，带动球拍高速向前下方挥动，以拍面与地面夹角小于90度的角度屈指大力击球。

练习方法 *Training Methods*

与后场杀球一致。

常见 错 误 动 作 ● ● ● Error action

与后场杀球一致。

5. 后场头顶劈球

准备动作与随挥动作与后场头顶高远球一致。

击球动作：与后场头顶吊球技术动作一致，但劈球的技术发力和击球拍面角度较吊球大。

练习方法 *Training Methods*

同后场头顶吊球。

常见 错 误 动 作 ● ● ● Error action

同高手位劈球。

二、后场击球步法

从中场起动向后场移动击球的步法称为后场步法。后场步法可以采用交叉步、并步、跳步和蹬跨步。根据来球区域的不同可分为正手后退、头顶后退、反手后退步法。

(一)后场正手后退步法

1. 并步后退步法

判断来球后,右脚向右后方侧身退一步,同时带动髋部向右后方转,接着左脚用并步向右脚靠近,右脚再向右方后移动迈出,左脚跟进一小步,这时左脚在前右脚在后,呈侧身对网击球准备姿势。这种步法移动范围大,多用于回击端线附近的球。

2. 交叉后退步法

　　在判断来球是后场球后，右脚向右后方侧身退一步，并带动髋部向右后方转，接着左脚向右脚做后交叉，右脚再向右后方移动迈出，左脚跟进，这时左脚在前右脚在后，呈侧身对网击球准备姿势。

（二）头顶后退步法

　　判断来球后，以左脚前脚掌为轴，右脚向右后方蹬转迈出一步，上体稍后仰，接着左脚用并步或交叉步后退，右脚再退一步至来球位置，用头顶技术击球，击球后迅速回到中心位置。

（三）反手后退步法

1. 两步后退步法

　　判断来球后，上体向左转动，左脚先向左后方迈一步，右脚向左后方跨出一大步，呈背对网的姿势准备击球。或者右脚先向后退一步，左脚向左后方退一小步，呈侧身对网的击球准备姿势。

2. 侧身跳步后退步法

　　判断来球后，重心降低并移至左脚，两脚蹬地腾空跳起，两脚落地后，以左脚为轴，带动身体向右后方转体，当右脚落地后呈背对网的击球准备姿势。

第五章

羽毛球
双打技术

双打发球、接发球技术

一、双打发球技术 ◀◀

发球是双打的一项重要技术。双打比赛由四人同场竞技，球速比单打更快，对发球的质量也要求更高。如果发球的质量不高，比赛开始就会陷入被动，因此，高质量发球是争取开局主动的关键。

（一）双打发球站位

双打发球一般用反手发球，发球者可站在前发球线后10～15厘米及中线附近，较单打站位靠前，也可在前发球线后及边线附近。选择这样的位置发球便于发球后抢击第三拍封网前球。另一同伴站在后场中部位置准备接第三拍。

（二）双打发球准备姿势

发球者面向球网，两脚前后开立，与肩同宽，右脚在前，左脚尖点地，重心放在右脚上，左手握住球的羽毛，将球置于腹前腰部以下，右臂屈肘微向上提，反手握拍以反拍面将球拍自然置于腹前持球手的后面，两眼正视前方。

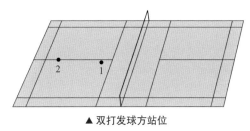

▲ 双打发球方站位

1—双打发球员站位；2—双打发球员同伴的站位

（三）双打发球技术

1. 双打发后场平高球

击球动作： 左手放球的同时，右臂以肘为轴前臂内旋展腕后，向前挥动，击球时屈指收腕发力，用正拍面向前上方将球击出。

2. 双打发后场平射球

击球动作：击球时充分利用前臂带动屈腕的爆发力，利用拇指的顶力屈指发力，使拍面与地面成近似于90度角，向前方用力击球。

3. 双打发网前球

击球动作：前臂向前上方推送，同时带动手腕由屈到微伸向前摆动，利用拇指的顶力，用反拍以斜拍面向前轻轻推送，切击球托，使球尽可能低地沿网上方飞过，推击球托的左斜侧面。

练习方法 *Training Methods*

练习发定点多球，各种发球技术分别练习。

常见**错误动作** ••• Error action

① 发网前球过高或下网。

纠正方法：控制拍面角度及击球力量。

② 发后场球出界。

纠正方法：注意控制击球力量，把球控制在双打后发球线前。

二、双打接发球技术 ◀◀◀

（一）双打接发球站位

由于双打后发球线比单打短92厘米，一般以发网前球为主，因此双打接发球员的站位一般选择靠近前发球线的位置，在右发球区接球，接发球员站位略偏左，靠近中线，在左发球区接球，接发球员站位选择中心位置。

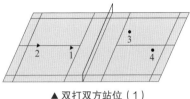 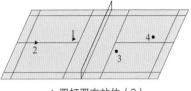

▲ 双打双方站位（1）   ▲ 双打双方站位（2）

1—双打发球员站位；2—双打发球员同伴站位；   1—双打发球员站位；2—双打发球员同伴站位；
3—右区接发球员站位；4—接发球员同伴站位   3—左区接发球员站位；4—接发球员同伴站位

（二）双打接发球准备姿势

参见步法中的准备姿势。

（三）双打接发球技术

1. 双打接发拨球技术

准备动作： 判断来球后，持拍手引拍伸向来球方向，同时右脚向来球方向跨出，准备击球。

击球动作： 取高击球点，用食指和拇指捻动球拍发力，以斜拍面收腕动作向对方场区拨击球托。

随挥动作： 击球后掌心向下，持拍手制动结束动作向球拍举至头顶前上方准备下一个来球。

2. 双打接发推扑球技术

准备动作： 与接发拨球相同。

击球动作： 争取高的击球点，前臂迅速内旋，带动手腕转动，屈食指紧扣拍柄发力，正拍面向前下方拍击球托底部。

随挥动作： 同双打接发拨球技术。

3. 双打接发杀球技术

准备动作： 判断来球后，将持拍手对准来球方向抬肘，快速向后引拍。

击球动作： 上臂和前臂迅速内旋，带动手腕快速闪动，手指屈指发力，用正拍面快速将球向对方场区击出。

随挥动作：击球后，手臂自然向下挥动。迅速回收到体前位置，准备接下一个来球。

练习方法 Training Methods

① 两人一组多球练习，一人发固定点多球，另一人练习变换各种接发球技术。

② 两人一组多球练习，一人发不定点多球，另一人迅速判断进行多种接发球技术练习。

常见 错 误 动 作 ●●●● Error action

① 网前回球质量不高，易下网。

纠正方法：注意力集中，及时起动，争取最高击球点，根据来球高度控制好手腕用力。

② 接不到后场球或后场回球质量不高。

纠正方法：注意力集中，及时起动后退，控制好击球点。

 # 双打击球技术

一、双打前场击球技术 ◄◄◄

单打前场击球技术中的搓网前球、勾球、挑球、扑球等击球技术，同样被广泛应用于双打中，除此之外还有封网等其他技术。

封网击球技术：用正手、反手分别头顶击球的方式将对方击来的平抽球和网前球，压至对方场区。这是双打争取积极主动的有效途径和得分的重要手段。

1. 头顶封网击球技术

准备动作：向来球方向移动，手肘上抬，前臂向后引拍准备击球。

击球动作：击球动作小而快，前臂带动手腕由外旋后伸至内旋前屈，快速向前发力，将球向对方场区前下方击压过去，正手封网击球点在右肩上方，头顶击球点在左肩斜前方。

随挥动作：击球后，手臂迅速制动收回放于体前，准备下一个来球。

2. 反手封网技术

准备姿势：向来球方向移动，同时持拍手上臂带动前臂内旋引挥，手腕成展腕姿势向来球方向伸出，准备击球。

击球动作：前臂迅速外旋带动手腕向前挥动，拇指前顶，手腕发力，将球向对方场区的前下方击出。

随挥动作：击球后，手臂迅速制动收回，放于体前准备下一个来球。

练习方法 *Training Methods*

多球练习，一人连续发前场各点多球，另一人从中场判断来球后，练习各个点的封网。

常见错误动作 ●●● Error action

回球质量不高，下网或过网弧度过高。

纠正方法：加快反应速度，根据来球控制拍面角度和下压程度。

二、双打中场击球技术 ◀◀ ◀

与单打中场击球技术基本相同。

三、双打后场击球技术 ◀◀ ◀

单打各种后场击球技术在双打后场击球技术中均可使用，除此之外还有点杀球技术及拦截球技术。

1. 后场点杀球技术

准备动作：运用后退步法向来球方向移动，持拍手屈肘上举至体侧与肩同高的位置，同时，上臂带动前臂向后引拍准备击球。

击球动作：争取较高击球点，上臂协调配合前臂，手肘制动后摆，靠手腕和手指发力，点击球托。

随挥动作：击球后迅速收拍至体前，准备接下一个来球。

2. 后场拦截球技术

准备动作：同后场点杀击球技术，但是手臂只需轻微外旋引拍即可。

击球动作：击球时持拍手直接伸向来球方向，手腕内收带动手指轻微发力，以斜拍拦截球托后部。

随挥动作：击球后迅速收回，准备接下一个来球。

练习方法 *Training Methods*

两人一组多球练习，一人发后场高球，另一人进行点杀球和拦截球技术动作练习。

第六章

羽毛球
运动常识

营养膳食与恢复

　　合理膳食营养是运动者保持良好体能状态的物质基础，对羽毛球爱好者体重、体成分和运动能力、运动后身体机能的恢复及运动性疾病的防治都有良好作用。合理膳食营养是通过平衡膳食实现的。

　　平衡膳食要保持热能平衡。这是因为热能过多或热能不足都将影响运动者的运动能力，甚至是身体健康。膳食中蛋白质供给量可以达到每天2克/千克体重，同时适当增加膳食中维生素B1、维生素B2、维生素C和钠、钾、钙、镁、磷的量。在较高温环境中进行大负荷的羽毛球运动时，将会有大量汗液排出，这时可以在运动间歇少量多次地补充水分（100～200毫升/次）。

　　要想获得合理的膳食营养，还应该遵守合理的膳食制度。膳食制度是指每天的进餐次数、时间和膳食量的分配。合理的膳食制度是根据运动锻炼和比赛的日程安排以及人体对食物消化、吸收与利用的规律来制定的。羽毛球爱好者应做到饮食有节，不喝烈酒，不吃刺激性食物。一般进餐后间隔2小时以上再参加运动；运动结束后，休息45分钟以上方可进餐。一天各餐食物的热量和质量分配，应与这一天运动强度相适应。原则上，运动前的一餐食物量不要过多，要选择易于消化的，尽量选择脂肪和粗纤维含量较低的食物。运动后的一餐食物量可适当增加，但晚餐量不宜过多，也不宜选择难消化的和刺激性大的食物。早餐应摄入较充分的蛋白质和维生素，如上午有运动，则可以适当增加碳水化合物的量；晚餐的脂肪和蛋白质不宜过多。

羽毛球运动损伤的防范

　　参加任何体育运动项目的锻炼，如果方法不科学，都可能造成一些损伤。羽毛球运动中的损伤发生概率，与其他运动项目比，并不算高。但由于羽毛球运动强度大，身体局部负担较大，如果运动方法不当，也可能发生一些损伤。

一、羽毛球运动中易出现的损伤 ◀◀

1. 肩关节损伤

　　通常情况下这是由于高手位击球动作不合理或身体局部负担过重（如长时间进行大力扣杀等）造成的。症状是击球时肩关节感到明显疼痛，做大力击球动作受限。

2. 肘关节损伤

　　击球动作不合理或身体局部负荷过重后缺乏积极放松，容易造成肘关节损伤。症状是肘部静止时没有疼痛感，但只要发力击球便出现疼痛，并且肘关节活动范围受到限制，像人们常说的"网球肘"。

3. 手腕损伤

　　由于击球动作错误、手腕力量薄弱及手腕局部负荷过重造成手腕受伤。症状是发力击球时手腕疼痛无力。

4. 腰肌损伤

　　症状是当腰部前屈或后伸时即出现疼痛，特别是后仰击打左后场头顶区域的来球时较吃力。

5. 大腿肌肉损伤

症状为运动中涉及大腿肌肉收缩或拉长的动作时，该部位肌肉出现疼痛。

6. 膝关节损伤

羽毛球运动中发生此类损伤较常见，其症状是膝关节不能吃力，膝部稍弯曲就出现刺痛无力现象。

7. 跟腱、踝关节损伤

一般表现为跟腱部位疼痛，尤其是起跳着地后腿支撑或做蹬地动作时。

二、损伤的原因及防范 ◄◄ ◄

要想避免发生运动损伤或将发生的运动损伤减小到最低程度，那么我们在运动中应该注意自我保护，加强损伤的防范意识。

1. 做好充分的准备活动和放松整理活动

运动前不重视做准备活动，或准备活动做得不充分、不科学是引起羽毛球运动损伤的重要原因之一。因为准备活动不充分，肌肉、内脏、神经系统机能不兴奋，肌肉中的血液供应不足，在这样的身体状态下进行运动，动作僵硬、不协调，极易造成损伤。运动前应先舒展四肢做些一般准备活动：活动躯干、转颈、转肩、压腿、曲膝、绕踝、适当慢跑……然后做做专项准备活动，让周身的血液循环活跃起来，以满足运动时各个部位的血液供应。应以身体觉得发热、微微出汗为佳，注意运动量和时间的控制。

运动后的整理放松活动经常容易被忽视，但整理放松运动能够促进身体机能的恢复，减少运动损伤的发生。运动后可以进行一些肌肉韧带的静力牵拉练习和按摩放松活动，以促进肌肉中乳酸的代谢，缓解肌肉和关节的酸痛感，减少再次运动时由于肌肉没有恢复而造成的损伤。方法是将身体需要放松部位的肌肉群向相反的方向牵拉，待将肌肉牵拉至最大张力状态，停留数秒钟后再放松，如正面压腿练习、侧面压腿练习、小腿静力拉伸练习等。

2. 运动负荷的合理安排

在进行羽毛球运动时，对上下肢负荷的安排要适当，练习的内容要交替进行，留意运动后身体各部位的反应，如感到某一局部负担过重，则应立即停止该部位的练习，注意不要让身体某一局部的负荷过大。

3. 技术动作的合理性

运动中技术动作不规范，不符合人体生理特点，也是造成运动损伤的重要原因之一。技术动作不合理、笨拙，不但费力、别扭，而且极易受伤。如上肢击球动作僵硬，用力不合理，不符合生理特点，就容易造成肩关节受伤。

4. 良好的力量素质

羽毛球运动特点决定，力量素质好，特别是小肌肉群力量好，能有效地预防损伤。但如果肌肉力量差，伸展性不好，易导致受伤。对于运动时易出现损伤，力量又相对较弱的身体部位，应注意提高其机能和承受运动负荷的能力，提高其肌肉力量和肌肉的伸展性，如进行下肢力量练习，包括快速跑台阶、跳绳、单足跳、跨步跳等练习。

5. 保持良好的身体状态

当身体处于疲劳状态时，运动机能下降，易出现反应迟钝、动作不协调和运动能力下降等情况。如果这时候仍然勉强参加运动，极易出现损伤。因此，在进行羽毛球运动前和运动过程中，随时注意身体各部位肌肉反应，当状态不佳时，应及时调整练习内容和运动量，尽量保持良好的身体状态。

6. 适宜的运动环境和运动服装

长期在水泥地、砖头地等过硬的地面上运动，膝、踝关节易劳损。

场地不平或有异物容易扭脚。场地过滑，下肢易拉伤。鞋袜不合适，鞋子过大、过小或鞋底过硬，袜子太薄，或球拍过重等都不利于进行羽毛球运动。

羽毛球运动礼仪知识

羽毛球源于欧洲宫廷运动，自诞生以来的一个多世纪里，形成了一套优雅、细腻和彬彬有礼的运动文化。无论运动者来自哪里，在运动中大家都应遵守和维护这种高雅的运动文化。下面列举几条关于羽毛球运动的礼仪知识，供大家学习。

① 着适合羽毛球运动的服装，女士可以穿超短裙。

② 运动时必须穿运动鞋袜。为了保持球场清洁，防止场滑，尽量换上室内专门的羽毛球鞋再上场打球。

③ 当场上有人在运动时，注意不要在球场内穿行，应绕场地线外行走，以防被球拍击伤或影响他人运动。

④ 讲究卫生，在运动场地上不可随意吐痰。运动时可带擦汗毛巾，以防汗水阻碍视线或汗水滴落场地造成地滑。

⑤ 讲究礼貌。赛前与裁判员握手，以示尊敬，赛后与裁判员握手，表示感谢。无论竞赛结果如何，赛前、赛后都应主动与你的对手握手以示友好和谦虚。

⑥ 比赛过程中击出界的球，球落地所在方选手捡拾。若击球下网，则击球下网一方的选手应主动捡球，当对方获得发球权时，应将捡起的球友好地从球网上方送至对方手里。

⑦ 比赛过程中要尊重、服从裁判员的判决。没有裁判员主持的比赛，对界内、界外球的判定，一般由球落地的一方给出，另一方则应尊重和信任对方的判定。

⑧ 比赛开始前2~3分钟的活动时间，只是做一些简单的练习，以熟悉比赛环境等，而不是练你的绝招。当裁判员报"停止练习"时，应及时将球送到主裁判员手中，并做好开赛准备。

羽毛球器材、服装的挑选

一、球拍

1. 羽毛球拍的价格

羽毛球拍的价格从几十元到上千元不等，一支好的羽毛球拍，不在于价钱多少，外观漂亮与否，球拍好与差应取决于是否适合自己的具体情况。羽毛球拍的价格与材料、工艺和品牌相关，新出的型号一般比较贵。专业选手用的拍比较贵，业余选手不一定适用，而且不同型号的微小区别一般的业余选手很难感觉出来。所以最主要的是挑选一款最顺手的羽毛球拍而不是只看价格。

2. 球拍的重量选择

爱好者应根据自身打法考虑球拍的重量：进攻型打法的选手，适合选择重一些的球拍，因为进攻型选手力量大，选择这种球拍，在重力加速度的作用下，攻击力较强。而防守型打法的选手，则可以选择轻一些的球拍。球拍重量轻，挥摆速度相对快些，能灵活自如地运用于防守对方快速凌厉的攻球。

3. 球拍的平衡点

严格地说，每支羽毛球拍的平衡点都不太一样，购置时可以从自身技术特长来选择球拍的平衡点。在挑选球拍时：用手指将球拍担起来，使拍面与拍柄静止成水平，找到球拍的平衡点。位置靠前，说明球拍的拍头较重；位置稍靠后，说明拍头较轻。攻击型选手适合选择平衡点靠前、拍头重些的球拍，因为拍头适当偏重便于向下击压吊球、杀球和劈球。而防守型选手则适合选择拍头轻些的球拍，以便防守时灵活挥动球拍。

4. 球拍拍柄的粗细

在挑选球拍时千万不要忽视球拍柄的尺寸，过粗或过细的球拍握柄都会让你觉得手掌与拍柄接触不舒服，选择拍柄要根据自己手掌大小和喜好而定。手掌大一些，通常选用G2尺寸的拍柄。G3尺寸的拍柄比较适中。G4和G5尺寸的拍柄要细一些，适合于偏爱细拍柄的选手选用。

5. 球拍的甜区

甜区即球拍的最佳击球区域。

甜区小，最佳击球区域小，击球力量更加集中，但要求控球能力好，适合专业选手使用；甜区大，球速慢，防守面积大，可提高接球效率，适合业余爱好者使用。当然也不是甜区越大越好，但总的来说，甜区扩大，能增加球拍的普适性。

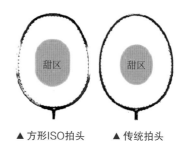

▲ 方形ISO拍头　　▲ 传统拍头

6. 球拍的弹性

拿到拍子之后，挥动一下，看看震不震手。震手的拍子一定是拍杆（拍柄和拍头的连接部位，这一部位现在是碳素合金钢材料制成）太硬；不震手，说明拍杆较有弹性。也可一手握住拍柄，一手扶住拍头顶端掰一掰，拍子有微度弯曲，证明拍杆部位较有弹性。

7. 球拍的保养

现在人们使用的羽毛球拍多是由碳素合金材料制作的，特点是不易变形，但是怕压、挤、磨。在使用拍子的时候，防止拍弦面击打硬东西，以免刮坏弦。不用时候最好用拍套套起来，放在能挂起来的地方保存。每次打完球后最好不要直接把拍子塞进拍套，因为刚打完的球拍上会有汗水，这样容易让拍柄产生难闻的气味。不要把球拍放在比较潮湿且温暖的地方，这样会让拍柄和连接拍柄拍杆的胶老化，容易坏。

8. 拍弦和球拍的匹配

穿线时要考虑到下面的几个方面因素。

① 个人需要球拍的特点：攻、防、均衡。

② 个人需要拍线的特点：弹性、耐打、摩擦。

③ 个人的特点：男女、攻防、力量大小、体力好坏。

根据以上因素进行拍线粗细和磅数选择，详见下文。

9. 拍弦的材质

比较高级的羽毛球拍，一般都没有上拍弦，而是让人们根据自己的情况来配制适宜的弦并控制上弦的松紧度。拍弦的种类有羊肠弦、尼龙弦、牛筋弦和化纤羊肠合成弦 4 种。

羊肠弦弹性好，但易磨损，因而易断。

尼龙弦美观，但弹性稍差，受气温的影响也较大，冬天发脆易断。

牛筋弦较结实，价格也低，但弹性差。

上述3种弦在专业羽毛球选手中已不采用。

化纤羊肠合成弦是目前正式比赛中专业选手所选用的拍弦。它吸取了上述弦的长处，避免了各自的短处，具有既牢固可靠，又弹性颇佳的特点。这种弦制作工艺复杂，价格昂贵，目前仍主要依靠进口。

10. 拍弦的松紧

一般情况下，击球力量较大的男士，拍弦可以适当绷得紧一点；击球力量较小的女士，拍弦绷得松一点为好，这样拍弦给球的弹力效应较好，可将球击得更深更远。通常拍弦的拉力在22磅左右。绷弦时还要考虑球拍的材质。材质强度大的球拍，弦可以绷得紧些；而一般材质的球拍，拉力过大则容易断裂。专业用拍在球拍柄上会标明该球拍适宜的磅数范围，绷弦时除根据自身喜好外，还应参考球拍规定的拉力磅数标识来决定所上拍弦的拉力磅数。

11. 手胶的选择

运动中手心大量出汗，球拍容易从手中滑落。为更好地防止这种情况发生，根据自己的喜好选择一款防滑握柄皮或吸汗带至关重要。PU手胶的特点是，有较长的使用寿命，易保养，不易滋生细菌，吸汗后能保持良好的手感，并且价格低廉。毛巾胶的特点是，价格相对较贵并且使用寿命短，但其手感柔软，吸汗能力强，专业选手使用较多。可以根据个人使用习惯和出汗习惯以及经济情况来选择毛巾胶或是PU手胶。

二、羽毛球 ◀◀ ◀

1. 羽毛球的种类

羽毛球主要分成三类。

① 家庭中常用的羽毛球，一般多为室外用球，商店里称之为红托羽毛球，因为此种球的底托是用红色橡胶所做的，所以，打起来比较省力，弹力好，使不了多大劲即能打出很远。

② 比赛用球则为白托羽毛球，也称室内羽毛球，其底托的用料内为软木，外包白色羊皮，选料、制作都比较严格。

③ 全塑羽毛球，每个球为一个整体，其制造工艺很简单，不必编线捆绑，也不会发生掉毛问题，成本也比较低，但用起来不如前两种那么好使。

2. 挑选羽毛球的标准

羽毛球运动的花费主要在球上，一个好的羽毛球成本高，可以成为艺术品。羽毛球的优劣可以从以下几点来判断。

① 要看羽毛球底托的质量好坏。红托羽毛球的橡胶薄厚要均匀，胶合紧密。白托羽毛球的软木直径应为25毫米，其形状要圆，木质要软，羊皮膜包扎要细而牢固。挑选球托弹力是否好时，可用手捏一捏，也可以将球在球拍上轻轻向上托几下。

② 要看羽毛是否扎牢，每个羽毛球规定要扎16根羽毛。最好的羽毛为鹅翎。因为鹅翎翎管坚硬，挺直、抗打耐用，下落速度符合标准。鸡鸭翎就不如鹅翎质量好了。其翎管细、管壁薄，常常会出现弯曲现

象。挑选羽毛时，羽毛越白越好（专门染色的除外）。羽毛长度要在60～70毫米，要长短一致，间隔均匀，毛翎要粗细相同，不可有倒毛、断梗、虫蛀等问题。

　　③ 对于比赛用球，需要符合比赛规则中对羽毛球的规定。

3. 羽毛球的保养

　　避免阳光直射暴晒，阳光直射后羽毛球毛色会变白，且毛杆水分蒸发后容易断。冬季由于天气温度原因，空气阻力变大，羽球会变得发脆易断。

　　增加羽球耐打度的小窍门：将羽毛球（羽端）浸泡于高度约0.5厘米的水中2～3分钟；将球筒（羽端）置于加湿器喷雾出口处5分钟。

三、运动服 ◀◀

1. 服装的要求

　　比赛服装一般是有领的短袖衫，长袖外套运动服用于比赛前或是比赛后身体的保暖。单打选手的运动服装要着装整洁，便于运动，没有其他具体要求。双打选手的着装可从战术上考虑，最好在颜色和款式上协调一致，这样也让对手不易辨别。

2. 运动服材质的选择

　　球衣最好是化纤的，不用担心静电，现在的很多球衣都有防静电功能，而且现在化纤的球衣质地也相当的柔软和轻薄。

　　棉质运动服吸汗后干得慢，大量出汗后容易贴在身上，穿着很容易感冒。

四、羽毛球鞋 ◀◀

1. 羽毛球鞋的选择

　　羽毛球鞋应选择底部相对厚实，这对跑动、急停时产生的震动能起到一定的减缓作用，有利于保护膝、踝关节。成人以合脚为主，最多大半码，可以用袜子来调整。青少年则要根据成长阶段买，可大一码，所以袜子要厚实。正好穿半年到一年就可以更换新鞋。

2. 尽量不用其他运动鞋替代羽毛球鞋

对新手来说，一双好球鞋比一只好球拍更重要。羽毛球鞋保护得最好的就是脚尖，尤其是急停的时候，柔软又有支撑的专业羽毛球鞋能给脚尖充分的包裹和缓冲。

很多非专业鞋都有鞋跟，不适合打羽毛球。

帆布鞋是胶底的，在羽毛球常见的起跳、落地的动作中，如果鞋底起不到缓冲作用，很容易受伤。

慢跑鞋的鞋底齿纹粗大，在木地板上容易打滑，且鞋尖部分很软，打羽毛球时却不能提供较好的支撑。

室外运动的网球鞋底相对宽大，适合更多的奔跑。

专业羽毛球鞋是平跟的，便于平缓落地。鞋底耐磨、防滑，为生胶或牛筋质地，纹路交错细密，摩擦力大，抓地性好，具有减震、缓冲功能。专业羽毛球鞋的鞋底主要功能是防滑，在常见的扣杀和快速移动过程中能提供充分的保护。

五、运动袜 ◄◄ ◄

冬天汗少，可以穿稍厚一些的袜子，夏天汗多，可以穿稍薄的棉质袜，但要保证舒服。袜子双踝关节的包裹，一般根据个人习惯选择。

羽毛球运动量大，尽量选除菌的袜子，减少异味。

附录1　羽毛球球星简介

林丹

中国羽毛球男子单打主力队员，也是世界羽毛球界"四大天王"之一。左手握拍，以拉吊突击为主要打法，进攻意识强，场上速度快，进攻落点好，攻击犀利，步法灵活，杀球极具威胁。2008年北京奥运会、2012年伦敦奥运会男子单打项目冠军。林丹是羽毛球运动历史上第一位集奥运会冠军、世锦赛冠军、世界杯冠军、亚运会冠军、亚锦赛冠军、全英赛冠军以及多座世界羽联超级系列赛冠军于一身的全满贯球员。被誉为"中国羽球一哥"。

谌龙

中国羽毛球男子单打主力队员。2000年进入厦门队，2006年进入国家队二队，擅长头顶杀对角、拉吊突击。

2007年世界青年锦标赛男单冠军。2011年在世界羽联超级系列赛丹麦公开赛男单决赛中发挥出色，连续第三站夺取超级赛冠军。2012年伦敦奥运会男单季军，同年获得世界羽联超级系列赛总决赛男单冠军。2013年苏迪曼杯团体世界冠军主力成员。2014年、2015年连续两年在世锦赛男单决赛中战胜李宗伟，成功卫冕。2015年12月，被新华社体育部评为2015年中国十佳运动员之一。2016年里约奥运会男单决赛战胜李宗伟，首次获得奥运冠军，同时也使中国夺得奥运会男单三连冠。

傅海峰

中国羽毛球队男子双打运动员，2002年进入国家一队，与搭档蔡赟被称为"风云组合"，2006年、2009~2011年，"风云组合"4次获得世锦赛男双冠军，成为羽毛球男双史无前例的世锦赛四冠王。2012年8月伦敦奥运会羽毛球男双决赛中，"风云组合"战胜丹麦选手鲍伊/摩根森获得男双冠军，这也是中国队首次获得奥运会男双金牌。2014年改与张楠搭档，2016年里约奥运会羽毛球男双决赛中，他们以2：1击败马来西亚组合吴蔚昇/陈伟强，成功卫冕。傅海峰成为历史上第一位卫冕奥运会男双冠军的选手。傅海峰是6届苏迪曼杯冠军成员，5届汤姆斯杯冠军成员，3次获得体坛风云人物最佳组合奖。

李宗伟

马来西亚羽毛球男子单打运动员，世界羽毛球界"四大天王"之一。其特点是突击爆发力强，变速能力强，擅长头顶杀对角。

2004年，李宗伟首获羽毛球公开赛（马来西亚公开赛）男单冠军。2009年，李宗伟卫冕世界羽联超级系列赛总决赛男单冠军。2010年1月，李宗伟再次获得世界羽联超级系列赛总决赛男单冠军，成为史上首个在羽联总决赛实现三连冠的球员。被誉为"马来西亚羽球一哥"。

李龙大

韩国羽毛球运动员。他身姿敏捷，球技过硬，心态成熟，拥有丰富的实战经验。打法特点是防守反击，注重网前技术。

2008年，李龙大获北京奥运会羽毛球混双冠军。2009年羽毛球世界锦标赛男双亚军。2012年伦敦奥运会羽毛球男双季军。2012年全英羽毛球公开赛冠军。2016年10月，世界羽联超级系列赛韩国公开赛李龙大/柳延星夺得男双冠军，为自己的羽毛球职业生涯画上圆满的句号。此后，李龙大正式宣布退役。

李雪芮

中国女子羽毛球队女单主力队员。进攻型打法，很有杀伤性，她的一些技战术组合是女单选手中绝无仅有的。

2004年，李雪芮进入重庆市羽毛球队。2007年夺得全国青年锦标赛团体和女单两项冠军。2010年1月，李雪芮正式进入国家一队，并在亚锦赛中战胜刘鑫获得冠军。2012年，在伦敦奥运会羽毛球女单决赛中战胜王仪涵，夺得奥运会冠军。2014年5月，李雪芮获得

2013赛季世界羽联年度最佳女运动员。2016年4月，李雪芮获得中国羽毛球大师赛女单冠军。

赵芸蕾

中国羽毛球运动员，2003年进入国家羽毛球队。作为双打选手，赵芸蕾擅长主攻网前。2011年2月国际羽联公布的5个单项排名中，赵芸蕾/张楠混双世界排名第一。2011年，赵芸蕾/张楠在伦敦世锦赛混双决赛和国际羽联总决赛混双赛场上，均获得冠军。2012年8月，田卿/赵芸蕾在伦敦奥运会羽毛球女双决赛中获胜，成为女双项目集奥运会、世锦赛、全英赛和亚运会冠军于一身的全满贯得主，并且与张楠完成混双全满贯。2014年，在阿联酋的迪拜，世界羽联公布了年度最佳奖项结果，赵芸蕾获得年度最佳女运动员奖。2016年8月20日，在里约奥运会获得铜牌后，赵芸蕾正式宣布退役。

卡罗琳娜·马林·马丁

西班牙羽毛球运动员。2014年羽毛球世锦赛在丹麦的哥本哈根举行，马林夺得女单冠军，并在2015年卫冕。其特点是进攻凶狠，多拍相持能力强。2016年8月，里约奥运会羽毛球女子单打决赛中，马林逆转战胜印度的辛杜赢得女单金牌，成为史上第二个赢得奥运单打冠军的非亚洲球员，完成大满贯壮举。这是西班牙奥运会历史上获得的第一枚羽毛球项目金牌。

奥原希望

日本羽毛球运动员。2013年4月加入日本Unisys株式会社羽毛球队。2016年全英羽毛球超级赛女单冠军。奥原希望近年来上升势头很好，2015年底的世界羽联超级赛总决赛，接连战胜世界排名第一的西班牙名将马林，以及中国的奥运会主力王仪涵获得冠军。2016年的全英公开赛，接连战胜王仪涵、王适娴等中国队主力，成为39年来日本首个羽毛球世界女单冠军。

附录2　羽毛球相关竞赛规则简介

1. 定义

运动员：参加羽毛球比赛的人。

一场比赛：双方各一名或两名运动员进行的比赛，是羽毛球竞赛中决定胜负的最基本单位。

单打：双方各一名运动员进行的一场比赛。

双打：双方各两名运动员进行的一场比赛。

发球方：有发球权的一方。

接发球方：发球方的对方。

回合：自球被发出至死球前的一次或数次连续对击。

2. 场地设施、设备及器材使用（见正文）

3. 挑边

比赛开始前应挑边。赢方将在先发球（或先接发球）或在一个半场区（或另一个半场区）开始比赛中做出选择。输方在余下的一项中选择。

4. 计分方法

（1）除非另有商定，一场比赛应以三局两胜定胜负。

（2）除了规则（4）和（5）的情况外，得21分的一方胜一局。

（3）对方"违例"或球触及对方场区内的地面成为死球，则己方胜这一回合并得一分。

（4）20平后，先得2分的一方胜该局。

（5）29平后，先到30分的一方胜该局。

（6）一局的胜方在下一局首先发球。

5. 交换场区

（1）以下情况运动员应交换场区

① 第一局结束。

② 第二局结束（如果有第三局）。

③ 在第三局比赛中，一方先得11分时。

（2）如果运动员未按（1）的规定交换场区，经发现即在死球时交换，比分有效。

6. 发球

（1）合法发球

① 一旦发球员和接发球员都站好各自的位置，任何一方都不允许延误发球。

② 发球员和接发球员应站在斜对角的发球区内，不触及发球区和接发球区的界线。

③ 从发球开始至发球结束，发球员和接发球员的两脚必须都有一部分与球场地面接触，不得移动。

④ 发球员的球拍应首先击中球托。

⑤ 在发球员的球拍击中球瞬间，发球应低于发球员的腰部；这指的是发球员最低肋骨下缘的水平切线。

⑥ 在击球瞬间，发球员的拍杆应指向下方。

⑦ 发球开始后，发球员必须连续向前挥拍，直至将球发出。

⑧ 发出的球，应向上飞行过网，如果未被拦截，球应落在规定的接发球区内（即落在线上或界内）。

⑨ 发球员发球时，应击中球。

（2）一旦运动员站好位置，发球员挥拍时，发球员的球拍头第一次向前挥动即为发球开始。

（3）发球开始后，发球员的球拍击中球或试图发球但未击中球，均为发球结束。

（4）发球员应在接发球员准备好之后才能发球，如果接发球员试图回击发球，则应被认为已做好准备。

（5）双打比赛，发球员或接发球员的同伴站位均不限，但不得阻挡对方发球员或接发球员的视线。

7. 发球区和接发球区

（1）一局中，发球方的分数为零或双数时，双方运动员均应在各自的右发球区发球或接发球。

（2）一局中，发球方的分数为单数时，双方运动员均应在各自的左发球区发球或接发球。

8. 击球顺序和位置

一回合中，应由发球员和接发球员交替从各自所在场区一边的任何位置击出，至成死球为止。

9. 得分和发球

（1）发球员胜一回合就得1分，后球员再从另一发球区发球。

（2）接发球员胜一回合就得1分，后接发球员成为新发球员。

10. 双打

（1）发球区和接发球区

① 一局中，发球方的分数为零或双数时，发球方应从右发球区发球。

② 一局中，发球方的分数为单数时，发球方应从左发球区发球。

③ 接发球方上一回合最后一次发球的运动员应在原发球区接发球；他的同伴接发球的站位与其相反。

④ 接发球员应是站在发球员斜对角发球区的运动员。

⑤ 发球方每得一分后，发球员则变换发球区再发球。

⑥ 除发球区错误的情况外，球都应从与发球方得分相对应的发

球区出发。

（2）击球次序和位置

每一回合发球被回击后，发球方的任何一人和接球方的任何一人，可在各自场区的任何位置击球，如此往返直至死球。

11. 得分和发球

（1）发球员胜一回合得1分，之后该球员再从另一发球区发球。

（2）接发球员胜一回合得1分，之后接发球员成为新发球员。

12. 发球顺序

每局比赛的发球权必须按以下传递。

（1）首先是发球员，右发球区发球。

（2）其次是首先接发球员的同伴，左发球区发球。

（3）然后是首先发球员的同伴。

（4）接着是首先接发球员。

（5）再接着是首先发球员，如此传递，运动员发球顺序和接球顺序不得错误。一名运动员在同一局比赛中不得连续两次接发球（发球区错误的情况除外）。一局胜方的任一运动员可在下一局先发球，负方的任一运动员可先接发球。

13. 发球区错误

有以下情况为发球区错误。

（1）发球或接发顺序错误。

（2）在错误的发球区发球或接发球。

如果发球区错误，应予以纠正，已得比分有效。

14. 违例

以下情况均属违例。

（1）不合法发球。

（2）发球。

①球挂在网上或停在网顶。

②球过网后挂在网上。

③接发球员的同伴接到球或被球接触。

（3）比赛进行中

①球落在球场界线外（即不落在界线上或界线内）。

②球从网孔或网下穿过。

③球不过网。

④球触及天花板或四周墙壁。

⑤球触及运动员的身体或衣服。

⑥球触及球场外其他物体或人。

（关于比赛场馆的建筑结构问题，有时地方羽毛球组织可以制定羽毛球触及建筑物的临时规定，但其所归属的国际羽联成员协会有否决权）

⑦球被击时停滞在球拍上，紧接着被拖带抛出。

⑧被同一运动员两次挥拍连续两次击中（但一次击球动作中，球被拍框和拍弦击中，不属违例）。

⑨被同方两名运动员连续击中。

⑩触及运动员球拍，而未飞向对方场区。

（4）比赛进行中

①运动员的球拍、身体或衣服触及球网或球网的支撑物。

②运动员的身体从网上侵入对方场区（击球时，球拍与球的最初接触点在击球者网这一方，而后球拍随球过网的情况除外）。

③运动员的球拍或身体从网下侵入对方场区，致妨碍对方或分散对方注意力。

④阻碍对方，即阻挡对方紧靠球网的合法击球。

（5）比赛进行中

运动员故意分散对方注意力的任何举动，如喊叫、故作姿态等。

15. 重发球

由于裁判员或运动员（未设裁判员时）宣报"重发球"，中断比赛。

（1）发球员在接发球员做好准备前发球，重发球。

（2）在发球过程中发球员和接发球员都被判违例，重发球。

（3）除发球外，球过网后挂在网上或停在网顶，重发球。

（4）比赛进行中，托与球的其他部分完全分离，重发球。

（5）司线员未能看清，判员也不能做出裁决时，重发球。

（6）裁判员认为比赛被干扰或教练干扰了对方运动员比赛，重发球。

（7）遇不能预见或意外的情况，重发球。

（8）"重发球"时，自该次发球起之后的对击无效，原发球员重新发球。

16. 死球

下列情况为死球。

（1）球撞网或网柱后，开始向击球者这一方地面落下。

（2）球触及地面。

（3）宣报了"违例"或"重发球"。

17. 新旧规则对比

国际羽联已宣布从2006年2月1日起正式实施新规则，其最大变化是取消了发球得分制，另外规定每局获胜分统一定为21分。以下为新旧规则的对比。

（1）每球得分，21分制

旧规则：15分制（女单11分制），获发球权者方可得分。

新规则：21分制，任何一方只要将球打"死"在对方的有效位置，或者因为对方出现违例或失误，均可得分。

（2）增加技术暂停

旧规则：球员在比赛中可向裁判提出暂停比赛，到场边擦汗、喝水或绑鞋带……

新规则：除非特殊情况（比如地板湿了，球打坏了），球员不可再提出中断比赛的要求。但是，每局一方以11分领先时，比赛进行1分钟的技术暂停，让比赛双方进行擦汗、喝水……

（3）平分后的加分赛

旧规则：比赛双方打成13平、14平，先获13或14分的一方，有权决定双方加打5分或3分（女单出现9平或10平时，可分别要求加打3分或2分）。

新规则：每局双方打到20平后，一方领先2分即算该局获胜；若双方打成29平后，一方领先1分，即算该局取胜。

（4）取消第二发球

旧规则：双打赛，一方的一名球员失去发球权后，本方的另一名球员还有一次发球权。

新规则：得分者方有发球权，如果本方得单数分，从左边发球；得双数分，从右边发球。

（5）在第三局或只进行一局的比赛中，当一方分数首先到达11分时，双方交换场区。

双打发球员的顺序与单打中的顺序一样，即以分数的单数或双数来决定，只有发球方在得分时才交换发球区。除此以外，运动员继续站在上一回合的各自发球区不变，以此保证发球员的交替。

附录3 国际羽联最新规则（21分制）双打发球规则图示

A和B对C和D的双打比赛。A和B赢了挑边并选择了发球。A发球C接发球。A为首先发球员，而C则为首先接发球员。

过程及解释	比分	发球区	发球员和接发球员	赢球方	示意图
	0-0	从右发球区发球（因发球方的分数为双数）	A发球，C接发球（A和C为首先发球员和首先接发球员）	A和B	C D / B A
A和B得1分。A和B交换发球区，A从左发球区再次发球。C和D在原发球区接发球	1-0	从左发球区发球（因发球方的分数为单数）	A发球，D接发球	C和D	C D / A B
C和D得1分，并获得发球权。两人均不改变各自原发球区（即原站位）	1-1	从左发球区发球（因发球方的分数为单数）	D发球，A接发球	A和B	C D / A B
A和B得1分，并获得发球权。两人均不改变各自原发球区（即原站位）	2-1	从右发球区发球（因发球方的分数为双数）	B发球，C接发球	C和D	C D / A B
C和D得1分，并获得发球权。两人均不改变其各自原发球区（即原站位）	2-2	从右发球区发球（因发球方的分数为双数）	C发球，B接发球	C和D	C D / A B

过程及解释	比分	发球区	发球员和接发球员	赢球方	示意图
C和D得1分。C和D交换发球区，C从左发球区发球。A和B不改变其各自原发球区（即原站位）	3—2	从左发球区发球（因发球方的分数为单数）	C发球，A接发球	A和B	D C / A B
A和B得1分，并获得发球权。两人均不改变各自原发球区（即原站位）	3—3	从左发球区发球（因发球方的分数为单数）	A发球，C接发球	A和B	D C A B
A和B得1分。A和B交换发球区，A从左发球区再次发球。C和D不改变其各自原发球区（即原站位）	4—3	从右发球区发球（因发球方的分数为双数）	A发球，D接发球	C和D	D C B A

注：以上的意思为发球员的顺序与单打中的顺序一样，即以分数的单数或双数来决定，只有发球方在得分时才交换发球区。除此以外，运动员继续站在上一回合的各自发球区不变，以此保证发球员的交替。